/ 职业经理人必读系列 /

U0815087

HEGUISHI BIDU
QIYE GUIZHANG ZHIDU SHEJI

合规师必读

企业规章制度设计

谢尚大◎著

企业管理出版社
ENTERPRISE MANAGEMENT PUBLISHING HOUSE

图书在版编目（CIP）数据

合规师必读：企业规章制度设计 / 谢尚大著. —北京：企业管理出版社，2022.8

ISBN 978-7-5164-2555-8

Ⅰ. ①合… Ⅱ. ①谢… Ⅲ. ①企业管理－规章制度 Ⅳ. ①F272.9

中国版本图书馆CIP数据核字（2022）第142506号

书　　名：合规师必读：企业规章制度设计
书　　号：ISBN 978-7-5164-2555-8
作　　者：谢尚大
策　　划：蒋舒娟
责任编辑：蒋舒娟
出版发行：企业管理出版社
经　　销：新华书店
地　　址：北京市海淀区紫竹院南路17号　　邮　　编：100048
网　　址：http://www. emph. cn　　电子信箱：26814134 @qq.com
电　　话：编辑部（010）68701661　发行部（010）68701816
印　　刷：北京虎彩文化传播有限公司
版　　次：2022年8月第1版
印　　次：2022年8月第1次印刷
开　　本：710mm × 1000mm　1/16
印　　张：14.5印张
字　　数：185千字
定　　价：68.00元

版权所有　翻印必究 · 印装有误　负责调换

作者的话

大家好！我是谢尚大，先后在银行、保险、证券等行业担任过合规经理。或许你没有听说过这个岗位，但是它在金融行业已经存在十几年了。由于行业人员流动的封闭性，这个岗位很少被大众了解。近年来，国家对合规管理愈发重视，要求实体企业建立合规管理体系。2021 年 3 月 18 日，人力资源和社会保障部会同国家市场监督管理总局、国家统计局向社会正式发布了企业合规师等 18 个新职业信息，它意味着合规师终于进入大众视野。新岗位的出现总是伴随着大量的机会，大型公司纷纷高薪招聘合规经理。遗憾的是，这个岗位至今还没有形成对应的学科，一直依附于法学学科，很多知识领域都是空白，也没有形成独立的方法论。

1. 为什么写这本书

2021 年年末，国务院国资委制定了《关于进一步深化法治央企建设的意见》，明确法务管理机构归口管理职责，健全规章制度制定、执行、评估、改进等工作机制，加强法律审核把关，强化对制度的全生命周期管理。制度管理工作内容非常广泛，一项很重要的工作就是制度编写，这是一个具有挑战性的任务，但是成功的合规经理必须熟练掌握它。

经过长年的观察，我发现很多企业制度仍然采用公文编写格式，仅对行文、排版等做出规定，企业制度可能存在如下不足：一是监管要求转化不具体、不全面、不准确，存在执行风险；二是语义含糊、逻辑混乱，理解存在分歧，缺乏严谨性，增加了执行成本；三是规定较为原则、笼统、空泛，缺乏可操作性，降低了执行效率；四是缺乏风险管理、内部控制等内容要求，影响执行效果。很多情况下，出现上述问题不是企业不够重视，而是相关知识和技能欠缺。这让我想起自己刚担任合规经理时的迷茫，面对许多问题，所能依赖的只有有限的经验和肤浅的直觉，找不到有用的参考。

2. 制度设计是冷门知识

“制度化管理”是个热门话题，制度设计却是冷门知识。制度伴随着工业革命逐步形成的。1878 年，江南制造总局委托英国翻译傅兰雅访问英国各工厂，索取章程规则制度条例，并于 1880 年发表于上海杂志《格致汇编》，介绍西方工厂管理情况。中华民国建立以后，近代工厂企业获得了较快的发展，当时的农商部作为工商管理机关，曾在致电驻外代表的函中指示搜集各国工商矿行政各项章程图表。1942 年，中华职业学校校长庞翔勋编著的《商业应用文作法》（立信商业丛书）由立信会计图书用品社出版。该书是为当时的商科职业学校及职业界编写的，专门开辟一章“规章”，首次对制度进行系统研究，包括：规章的意义和种类、规章的编制和组织、规章的术语、商业规章的写作、商业规章的范例。1945 年 3 月，中华书局编辑陆仁寿所著的《总务行政管理》，专门开辟一章“规程和办法”，略述规程和办法的类别、编订、施行和修正，以供研究和参考。 中华人民共和国成立初期，大部分的企业处于过渡转型阶段，即表现为经验式管理模式与制度建设有限融合，所以制度设计这个领域未被广泛关注。

3. 为什么写不好制度

第一，缺乏专业设计思维。多数员工不擅长编写制度的核心问题不在于是否拥有业务知识，而是缺乏设计思维：一是本身没有把问题想清楚，因此写不出来也在情理之中；二是自己想清楚了，但不知道如何清晰地表达出来，让别人也清楚。再进一步分析，更深层的原因是缺少有效的设计思维，不善于发现事物之间的内在关联，使得大脑中的信息零散而混乱。例如，很多员工过于注重细节而对整体性把控较差，或很多员工介绍方案时直接说细节，很少从整体开始。方案的主要问题就是“乱”，可能单看某个细节还可以，但组合后的方案缺乏整体性和统一性。

第二，缺乏专业设计方法。制度设计是一个非常复杂的过程，包含了大量的智力活动，经过长时间的积累，每位起草人员都能总结出一些经验和技巧。从起草实践看，对于相同的问题，人们提出的解决方案常常不同，这是因为他们仅以个人经验作为设计方法。长期把个人经验作为设计方法，其根本原因是缺少实用的设计工具。众所周知，建筑设计有建筑图，电路设计有电路图，机械设计有机械图。在这些工具的帮助下，这些设计直观、客观、科学、可操作性好，每一步设计上的改进都是踏实而实用的。但是，在制度设计领域，没有系统的方法论，大家难以分析影响制度的多种因素和复杂结构，仅凭直觉和经验设计制度。因此，人们对各种解决方案的效果和质量难以准确比较与取舍，产生了许多毫无意义的争议。

第三，缺乏专业写作基础。制度起草团队具有集体性，在长期的制度设计实践中，已经形成一套固定的术语，形成一些相对稳定的制度句式，形成一些比较固定的套路。虽然可以在内容上有创新，但一些相对固定的形式不可随意突破。

第四，依赖范本编写制度。没有任何两家企业的管理制度是完全一致的，管理制度只有结合企业的实际情况来制定，才能发挥更好的作用。依赖制度范本是行不通的。

4. 我是如何构思这本书的

幸运的是，我曾任职于广发银行、泛海集团、平安集团这样一些优秀的公司。这些工作经历让我获益良多，通过总结不同公司的做法，思考编写制度背后深层次的原因，逐步积累了设计经验。后来，我到北大英华科技公司担任法律知识工程师，接触到用工程化的方法解决法律问题，这给我带来深刻的启发。我逐渐意识到，制度设计也可以利用工程化方法解决，也可以形成独立的方法论。探索制度设计方法论的意义在于：一是明确提出监管要求转化规则，将内控、风险和合规等相关要求嵌入制度内容；二是为企业制度的起草、审核和修改提供技术指导，提升制度编写质量；三是减少在技术方面的争议和修改量，把注意力更多地集中在制度内容上，对于编写效率的提高具有十分重要的意义。鉴于总结和归纳方法论需要一个过程，我按照"从实际出发，循序渐进，急用先行，逐步完善"的工作思路编写制度：一是着眼于解决制度设计工作中带有普遍性的、急需解决的和各方面意见又比较一致的问题；二是着眼于解决设计中的技术问题，不直接涉及各个行业制度的具体内容。后来，我到赛尼尔法务智库担任咨询顾问，通过实际项目印证了这套方法的可行性，获得客户的高度肯定和热情鼓励。

5. 这是一本什么样的书

本书提出的工程化设计方法参考了建筑业和制造业的设计模式，将构思过程分解为逻辑、模块、体验等设计阶段，并将构思过程标准化、结构化、流程化，大幅度降低了设计的难度。本书是一个开放的知识体系，借鉴和吸收了不同学科的知识：制度体系设计涉及系统科学理论；设计方法论涉及工程学理论；逻辑设计涉及金字塔原理、MECE、科学管理理论、标准化理论、运筹学；功能模块设计涉及立法技术理论；体验设计涉及语言学；起草细节涉及项目管理、心理学、沟通学等领域的知识。本书为从事制度管理工作的各类人士提供一个可讨论、可研究的基础。本书既是制度设计指南，也是合规经理复训手册。

目 录

第1章　你真的懂制度吗

我们在一个制度建立的秩序里工作。每天，我们上班需要准时打卡，生病需要请假，公司准时给我们发薪水；我们按照规定的步骤和方法操作机器或者为客户服务；遇到问题，我们需要请示领导，或者与其他部门沟通。我们当中大多数人会发现，如果离开制度，即使是短短一段时间，我们也将无所适从。然而，员工很少会注意他们所依赖的制度，员工已经把制度建立的秩序视为自然状态。但是，制度有自己独特属性，我们需要了解它到底是什么？

1.1　规章制度不属于公文

在大部分公司里，如果一个员工写的制度很差劲，上司一般会说“你应当好好学学公文写作”。而公文写作的书里只有少量涉及制度语言的内容，不足以指导员工提升写作能力。我是个喜欢刨根问底的人，喜欢追溯历史，探寻事物的起源。所以，搞清制度是否属于公文，是本书的首要任务。

1.1.1　规章制度源自欧美国家

企业界认为规章制度和公文一样，是中国自古以来就存在的东西。中国古代较早建立了中央集权，加上科举制度的培养，政府公文较西方更加发达。然而，中国古代是自给自足的自然经济形态，作坊管理都是建立在个人观察、判断和直观基础上的经验，以传统和惯例的方式保留和延续，并不存在严格意义上的规章制度。著名企业家任正非曾经讲过："我们对西方工业文明了解的还不够。"1771年，阿克莱特在曼彻斯特创立了现代工厂，并形成仅有5个条款的管理文件，这是我们今天所知道的制度的原型。格拉斯哥大学教授安德鲁·尤尔是第一个明确提出在工厂里建立制度的人。1835年，他在《工厂哲学》中提出了建立工场手工业的必要"秩序"，强烈主张建立工厂的必要的纪律和制度。他认为，只有有效地实行这种"纪律法典"，才能使工人抛弃无规则的劳动习惯，养成有规则的劳动习惯。

1.1.2 混淆公文与制度的原因

伴随从欧美国家引进机器工厂，制度在清末传入中国。例如，早在1878年，江南制造总局就委托英国翻译傅兰雅访问英国各工厂，索取章程规则制度条例。中华民国成立，机器工厂获得了较快发展，当时的农商部对配套的管理制度非常重视，曾经在致电驻外代表函中明确指示搜集各国工商矿行政各项章程图表。1949年后，传统经验式的管理模式还未能彻底改造，大部分企业仍处于过渡转型阶段，即表现为经验式管理模式与制度建设有限融合，制度写作领域还未被广泛关注。所以，制度一直被归类于公文写作，从未有人单独研究制度编写，以至于混淆了两者的区别。

在西方企业管理的逻辑中，"制度化管理"是常识，无须解释和论证。制度作为一种管理工具是西方工业革命的产物，建立在工业化复杂协作基础上，所以对制度写作有特殊要求。制度在使用上强调长期性、反复性、稳定性，而公文则突出时效性、单次性、灵活性，所以制度起草的质量要求比公文高。实际上，企业公文的主要参照物《党政机关公文处理工作条例》规定的 15 类公文里，根本就没有制度。如果模糊了这两个概念，就会让公司管理产生混乱。

1.1.3　规章制度的原始词义

回溯历史有助于正本清源。要探究规章制度的概念，需要从历史文献中去寻找、考察制度的原始词义。我国近代法律许多概念源自德国，规章制度也不例外。1848 年欧洲革命后，德国废除了行会规章（Satzungen），企业实现“完全的工商自由”，可以自主制定规章。在这种背景下，1891 年的《工商业法修正案》规定：企业应当制定“劳动规章”（Arbeitsordnung）。此后，德国先后出现过工厂规则（FabriKordunug）、服务规则（Dienstvorschriften）等名称。1933 年，希特勒当上德国总理，为尽快恢复经济扩军备战，通过《国民劳动秩序法》，其规定企业主可以单方面制定“企业规章”（Betriebssatzung），取代原来由工会和资方谈判制定集体合同的方式。此后，意大利、法国、日本、韩国等仿效德国，在“劳动法”中规定规章制度。

汉语中的“规章制度”只是概括的通称，在不同领域、不同时期，它的具体名称不一样。清末洋务派创办的企业中，相继出现“章程”“厂规”“厂约”“约则”“须知”等名称。1929 年，国民政府颁布的《工厂法》将其称为“工厂规则”。1933 年，中华苏维埃政府仿照苏联《劳动法》有关内容，对《劳动法》进行修改，增加了“管理规则”一章。陕甘宁边区政府于 1942 年制定的《陕甘宁边区劳动保护条例（草案）》继续将其称为“管理规则”。1961 年 9 月，邓小平主持起草的《国营工业企业工作条例（草案）》将其名称统一确定为“规章制度”，并沿用至今。可见，“规章制度”一词的由来及形成并不是偶然发生的，它的出现有着特定的历史标志。

1.1.4 规章制度的定义

规章制度的定义是什么？翻阅《辞海》来回答这个问题，是比较容易的。规章制度是“国家机关、社会团体、企事业单位等颁发的有关行政管理、生产操作、学习与生活等方面的各种规则、章程与制度的统称”。但是，要从理论上给规章制度下个定义，却不是一件容易的事。每个人观察视角与背景知识不同，所下的定义也是五花八门的。《中华人民共和国劳动法》第四条规定，用人单位应当依法建立和完善规章制度，保障劳动者享有劳动权利和履行劳动义务。规章制度是企业根据国家法规或者经营管理的需要，依照规定程序制定的、以公文形式发布的、对本公司经营管理活动和员工行为进行约束的，在适用范围内具有普遍效力、在有效期限内反复适用的文件总称。

为简化表述，本书中如无特指，规章制度均简称为制度。

下列文件一般不属于制度：

- 转发国家法规或者其他规范性文件的发文及分公司转发总部制度的发文；
- 本公司各部门为加强内部管理而制定的效力仅及于本级管理机构、不具有横向或者条线管理作用的内部规定，如工作流程、岗位说明等；
- 上级公司就具体事项对个别下级公司提出工作要求、对于具体请示给予答复和回复指导意见以及其他用于解决和办理日常工作事项的发文，如各类“通报”“风险提示”“意见”“会议纪要”“批复”“指导意见”的发文；
- 党、团、工会等组织或团体制定的规范性文件；
- 其他不属于本办法所规定的文件。

1.2　制度本质属性及特点

在人类社会中，个体劳动是一种例外，而规模或大或小的人群的集体劳动，才是居于主导地位的劳动形式。伴随着人类集体劳动的出现，协作规则也就产生了，只是人们当时更在意的是实物资源，如工具、土地等。那时人们没有认识到协作规则这种“抽象”东西的重要性。意识到协作规则的重要性，是在工业革命之后。在大机器生产中，劳动者必须服从机器体系所要求的分工，个人的节奏必须服从机器的节奏。为了协调人们的行动，客观上必须制定协作规则，这些规则书面化后就成了制度。就是说，制度既具有与生产力相联系的自然属性，也具有与生产关系相联系的社会属性。能够理解制度的两重性，就不难梳理出它的特点。

1.2.1　制定与变更一般具有单方性

制度是公司管理权力的重要物化形式，制定与变更一般具有单方性。之所以加上“一般”二字，是因为在个别国家（如德国），制度的制定、变更需要由劳资双方通过集体协商共同决定，即所谓的“劳资共决”。当前，各国的劳动立法都规定有员工民主参与程序，员工参与制度的形成也是一种不可避免的趋势，尽管如此，在绝大多数国家，该种民主参与的方式、程度都是非常有限的，往往只是一种形式上的参与。员工参与制度的生成并不足以否定制度制定、变更的单方性，以及企业的主导地位。

1.2.2　制定与变更具有严格程序性

制度与通知、意见、会议纪要等非制度性文件的制定程序不同。国务院《国家行政机关公文处理办法》规定制发公文的过程，包括草拟、审核、签发、复核、缮印、用印、登记、分发等程序。制度的制定程序有更严格的要求，一般需经过立项、起草、征求意见、审查、审批发布等环节，而非制度性文件则无上述强制要求。为维护制度体系和秩序，一般不建议通过通知、意见、会议纪要等非制度性文件做出制度安排，除非确有需要，且应在一年内转化为正式制度或予以废止。

1.2.3 规范对象的复杂性

制度是在以机器大工业为基础的生产劳动中产生并逐步发展起来的，规范对象较为复杂，包括：动作、过程、方式、常用方法、容量、功能、性能、办法、配置、状态、义务、权限、责任、行为、态度、概念或想法，既有自然属性，又有社会属性。其中：具有自然属性的规范对象，有的体现为人体的生理自然属性（如员工的劳动能力、智力程度等），有的体现出某些特定用品的物理、化学自然属性（如涉及劳动安全卫生的锅炉、压力容器等）。具有社会属性的规范对象可以分为管理关系和工作关系。

制度规范的对象与标准化规范对象是紧密联系在一起的。例如，生产工艺流程的安排，各种产品的规格、尺寸、性能的要求，生产中原材料、零部件以及能源动力等的使用等，都与标准化分不开。但是，制度规范对象中关于人与人关系的部分，则是标准化规范对象所没有的。标准化规范对象中也有涉及物与人的关系的，但这里的“人”不是员工，而是消费者。比如，某产品的质量、性能应达到何种程度以满足消费者的某种消费需要，其物与人的关系区别于制度对象中人与物的关系。正因为两者的规范对象不同，决定了制度与标准的区别。

1.2.4 规范事项具有重复性

重复性是同一事物、概念和行为反复出现的性质。例如：流水线作业的员工千百次从事同一项劳动；恶劣自然条件下引发安全事故的客观因素是一样的；所有员工与公司建立劳动关系，其程序都是重复的；等等。制度就是从这些重复出现的事物、概念和行为中找出规律性并做出的统一规定。因而它设定的规则不是实施一次即终止，而是可以对同类事物反复适用，在同样条件下重复发生效力。

1.2.5　制度价值具有多元性

制度产生的动因在于规范劳动过程中员工的劳动行为，以保障生产秩序，以及实现劳动目的，体现为员工应遵守的“职场纪律”。然而，伴随着现代化大生产的发展、企业雇佣人数的增加，国家法规除了对企业生产经营秩序有所考虑外，多体现社会公共利益，要求制度中增加效率、安全、环保、健康、质量等价值。例如，《中药材生产质量管理规范（试行）》第五十二条规定：生产企业应有生产管理、质量管理等标准操作规程。这与法律中的自由、公平、正义等价值完全不同，也是制度与法律的重要区别之一。

1.2.6　适用范围的封闭性

制度内容适用于本公司内部机构和人员，调整内部主体间关系，规范内部各级机构的经营管理。麦当劳的手册在这一点上的体现特别突出，据说针对不同级别的员工有不同的手册。例如，普通员工有员工手册，主管有主管手册，店长则有店长手册。对于本公司与客户等外部民事主体之间的权利、义务等内容，应在相关合同协议中予以约定，不在制度中规定。职能部门制定的本部门内部人事、考勤、职责分工、工作流程等不对同级部门及下属机构产生约束力的规范性文件，也不属于制度范畴。

1.2.7 制度内容的稳定性

制度是企业知识与经验高度融合、提炼、升华的产物，含有企业大量经营管理诀窍，是企业隐性知识的显性化。为维护制度的权威和保证制度的执行效果，制度的内容一般都具有稳定性，不宜频繁修改。一些临时性的、短期的、需频繁调整的安排和要求，如一年一调的考核方案，可以以“通知”“意见”“方案”等形式发布。

1.2.8 适用范围的普遍性

制度对所有员工都具有约束力，不因为身份地位或权限大小而免除此种约束。其他管理文件通常只对特定的员工产生作用或影响，其效力范围较窄，约束力涉及的对象人是具体的、特定的。例如，任免干部的通知，只对特定的人产生效力。

1.2.9 制度效力的强制性

动物世界中只有个体和群体秩序，没有人类社会中的团体秩序。动物世界中个体和群体的秩序是靠本能维系的，而团体秩序则需要强制力维系。正如恩格斯在《论权威》中所说：“这里应该放弃一切自治，统一服从一个原则，这个原则就是管理制度。”管理学家法约尔说过：“纪律实际上是遵守公司各方达成的协议，它以公司及其雇员之间的服从和尊重为基础。”所有的制度均具有强制力，在制度适用范围内的机构和人员都应严格遵守制度规定，执行制度要求，一旦违反义务性规定和禁止性规定，将受到违规处理。

1.2.10 制度建设的义务性

《公司法》将制定制度视为公司经营管理的自主性权利。但是，为保障公共利益和接受社会公众的监督，金融、制药、能源、化工等高风险行业法规规定，企业必须制定、披露或备案有关制度。这方面最典型的例子是《证券市场资信评级业务管理办法》，其规定：证券评级机构应当建立完善的业务制度，包括信用等级的划分与定义、评级方法与程序、评级质量控制、尽职调查、信用评审委员会、评级结果公布、跟踪评级、信息保密、业务档案管理等。证券评级机构应当自完成证券评级业务备案之日起 20 个工作日内，通过中国证券业协会网站和公司网站披露评级业务制度，保证评级质量的内部控制制度。证券评级机构内部控制机制与管理制度、业务制度发生变更之日起 10 个工作日内，报中国证监会备案。

1.3　制度的分类

分类就是以事物的性质、特点、用途等作为区分的标准，将符合标准的事物归纳为一类，不同的则分开的一种认识事物的方法。由于制度既有自然属性，又有社会属性，其自然属性又与人体有关，不同于标准化的规范对象只具有自然属性中的物理、化学等性质，因而不能采用单一名称。例如，1938 年，商务印书馆出版的《商业文件》将制度称为“规则”“细则”“办法”。1942 年，立信会计图书用品社出版的《商业应用文作法》，将制度称为“制度”，所收录的范例名称包括：章程、规则、细则、办法等。我们对制度进行分类，有利于提升制度审查效率和质量。同时，可以方便员工检索。一般可以使用以下名称：

- 政策，是对经营管理事项的基本原则、管理框架和组织结构进行规定的框架性文件；

- 规则，对某一方面程序性活动或者特定的行为进行规范，一般指对公司股东会（股东大会）、董事会、监事会、总分公司管理层及各专业委员会的议事规则；
- 规定，对某一方面事项做出全面、系统的规范，规定某一类经营管理行为或业务类别的概括性规定；
- 办法，对某一方面事项做出部分或者专业性的规范，规定某一项经营管理行为或业务类别的具体规定；
- 规程、规范、手册，是为保证某一方面事项的工作质量，规定具体业务、产品或者服务的操作环节、方法和技术标准等内容的文件；
- 实施细则，是以已有制度、办法等为基础，结合本公司实际情况，制定的具有说明性、补充性、解释性的文件；
- 守则、准则，是适用于员工在经营管理活动中应当遵循的基本公司规范，涉及相关行为要求、岗位职责等内容的文件；
- 须知、指引，是规定内容不具备强制力，仅用于提示、指导或者倡导目的的文件。

制度名称应当按照制度内容来确定，原则上使用上述名称，如确需使用其他名称的，该名称应当有利于制度的理解与执行，并征得制度管理部门的同意。

要注意的是，章程一般不纳入制度范畴。章程，是公司依法制定的，规定公司名称、地址、经营范围、经营管理制度等重大事项的基本文件，也是公司必备的规定公司组织及活动基本规则的书面文件。公司章程是规范股东相互关系的文件，一般被视为特殊的合同，章程的制定、使用及维护适用于公司合同的相关管理规定。

1.4　制度与邻近事物

人类是喜欢秩序的生物，秩序意味着企业中存在着某种程度的关系的稳定性、进程的连续性、行为的规则性以及心理的安全性。企业秩序靠规则来维持，并以规则体现出来。规则有多种表现形式，包括：规章制度、企业文化、职场习惯、职业道德等。其中：制度是强制性的；其他表现形式虽然同样是维护秩序不可或缺的，但是往往是非强制性的，要靠员工自我约束和舆论监督。

1.4.1　制度与其他管理文件的区别

实践中，公司制定了很多的管理文件，有内控、标准、流程等。这些管理文件都具有强制性，与制度又有什么区别？请看表 1。

表 1　制度与其他管理文件的比较

类别	定义	与制度的差异	与制度的联系
流程	一组将输入转化为输出的相互关联或相互作用的活动	● 形式、内容不同：流程通常采用可视化图表的形式表现，无法展示具体执行细节、职责划分；企业规章制度一般以文字描述为主，更多描述具体职责、管理要求、奖惩等条款 ● 管理范围不同：流程侧重导致结果的过程，如何有效地将输入转化为输出；制度更侧重于结果，规范具体行为	流程与企业规章制度需要保持关联和一致性；企业规章制度决定了流程的流转，流程落实了企业规章制度的管理功能

续表

类别	定义	与制度的差异	与制度的联系
企业标准	对企业范围内需要协调、统一的技术要求、管理要求和工作要求所制定的标准	• 侧重点不同：企业规章制度以管理程序为依据；企业标准更侧重于对生产作业、技术和产品的制定 • 强制程度不同：企业规章制度在企业内部，具有一定的强制性特征；标准体系推荐性、引导性大于强制性 • 组织体系存在差异：两者归口于不同职能部门管理，相应管理组织体系、权限与决策等，均存在不同	企业规章制度针对企业价值链各个环节、各个领域设置；标准作为对企业经营管理更细致的要求，可以作为企业规章制度的内容，也可以作为独立的体系，形成相应的标准体系文件
管理体系文件	为加强企业的风险控制水平、促进管理效率的提升所设计、制定的一系列提升管理水平的文件，包括各类手册、记录、程序文件、作业文件、操作规程等	• 呈现方式不同：企业规章制度与体系文件，作为企业管理的两种管理手段，均形成了符合自身特点的文件形式 • 内容上各有侧重：企业制度较体系文件相对宏观，对程序性、操作性内容的规定相对弱化；管理体系文件侧重对某项管理工作的全方位规定	均为文本的形式呈现，存在一定交集；对石油行业企业而言，往往多套管理体系文件与企业规章制度共存；管理体系文件与企业规章制度之间要协调统一以保证其约束作用

续表

类别	定义	与制度的差异	与制度的联系
其他规范性文件	组织在其权限范围内，依照相关程序、针对特定事项、以特定格式制定并公开发布的文件的总称，具有在其组织权限范围内的普遍约束力	• 制定目的不同：企业规章制度主要针对固化的管理模式、管理经验；其他规范性文件主要用于部署工作、通知特定事项、说明具体问题等，具有临时性、非规律性 • 管理方式不同：企业规章制度一般由一个特定归口部门管理；其他规范性文件可能处于不同部门管辖范畴	其他规范性文件中的内容，通过提炼，可以转化为企业规章制度

1.4.2　多套管理文件的整合

内控、标准、流程等多套管理文件并存，其弊端表现在以下几个方面：一是各体系都具有各自支撑体系运作的管理文件，致使各部门在不同的体系中根据要素分配有相应的、不同的职责描述；二是多套管理文件因管理框架、管理要素的不同使体系侧重点和覆盖范围均有所不同，给企业带来秩序的混乱和协调的困难，并产生大量重复性工作；三是不同体系形成的文件因管理要求不尽相同导致实施过程中产生大量的重复记录，增加了管理难度和成本；四是多套管理文件并存，使企业在运行过程中形成多种文件的表现形式；五是多套体系检查与审核分头进行，使员工无所适从。企业如何建立一个既有效同时满足管理要求，又减少工序环节和运行层次，将多套管理文件整合成一个综合的管理文件呢？

1.4.3 制度与其他管理文件的整合

所有管理文件中，只有制度同时具有自然属性和社会属性，其他管理文件只有单一属性。所以，只有以制度为主体吸收其他管理文件的优点并进行优化和完善，才能够实现多套管理体系的整合。

制度与其他管理文件整合通常要符合的条件是：公司业务的相对成熟与标准化；或者制度本身已经成熟稳定。满足两个条件中的任何一个就可以实现整合。

对管理对象相同、管理特性要求基本一致的内容应进行整合。整合后的制度体系应覆盖多套体系的内容，就高不就低，以多套体系中最高要求为准。

针对同一管理事项，公司的制度、标准、业务流程、内控机制在功能上各自独立，形式上不能相互替代，应当分别适用；内容上应当保持一致性或者对应性，不得相互冲突；根据管理需要，内容可以相互转换或者吸收。

遗憾的是，虽然整合后的制度体系应当吸收大部分管理文件内容，在一定程度上方便员工的学习和执行，但形式上仍然存在多套管理文件，以保证各个管理体系的健全性，并不能减少制定方面的工作量。

1.5 制度的效力范围

效力，一般是针对制度而言的，指制度对所调整的对象、涉及的领域以及何时有效的问题。即一部制度在什么空间、什么时间、对哪些人有效，对其生效前发生的事件有无溯及力。

1.5.1　制度对人的效力

制度用于公司内部的管理，对全体员工都有约束力，但不排除有些制度可能只针对特定岗位的员工。制度对本公司各部门的员工，对分公司、分部的员工有约束力，对控股、参股甚至全资子公司员工没有约束力。如果集团公司制度需在下属子公司使用，该下属子公司应当依据《劳动合同法》的规定，履行必要的程序方可使用。企业若需要某些制度对劳动关系解除后的员工仍有约束力，须由企业与员工在劳动合同中事先约定，或者离职时另签合同约定。若要对与企业有业务关系的非本公司工作人员有约束力，企业应当与有业务关系的企业签订民事合同。

1.5.2　制度的时间效力

制度的时间效力，是制度何时生效和何时终止效力，以及制度对其颁布实施之前的事件和行为有无溯及力。制度生效时间应在制度中明确规定，通常自公布之日起生效，或者制度公布后到达一定期限生效。制度的溯及力，是新的制度颁布后，对它生效之前所发生的事件和行为是否适用。如果适用，就具有溯及力；如果不适用，就没有溯及力。制度一般只能适用于生效之后所发生的事件和行为，不适用于生效之前所发生的事件和行为，即“法不溯及既往”的原则。

1.5.3　制度的空间效力

制度的空间效力，指制度约束力的空间。制度在企业经营运作的场所都有效，外部人员进入公司，通过企业与外部人员及其所在企业的民事合同约定遵守企业的制度。制度适用的空间效力范围不限于企业办公和作业场所，还适用于其他场所。如过失处罚规定，员工在企业办公和作业场所的过失要处罚，在其他场所的过失也要处罚。再比如保密制度，不论是在工作场所还是在工作场所之外，员工都有义务遵守企业的保密制度。

1.5.4 制度的层级效力

集团公司的多层性必然造成集团公司制度数量众多，其效力等级是按照股权隶属关系来划分的，即上一级公司制度的效力，必定高于下一级制度的效力。在众多子公司之间，按从属性原则的要求，下一级公司制定的制度，不能与上一级公司制定的制度相抵触。一般认为：考虑到子公司与分公司法律地位的不同，母子公司均为独立的市场主体，母公司的制度除非特别声明，否则对子公司有法律约束力；分公司则相反，除非有明确的特别声明，母公司制度的效力自然及于分公司；法律地位平等的关联企业的制度则各自独立，彼此间没有约束力。

1.6 制度的用处

每天早上，当你走进明亮的办公室，一天的工作就开始了。新的一天，是忙碌还是盲目？你的心情此刻是阴霾还是阳光？透过办公室的巨大玻璃窗，看到员工是按部就班，还是急躁抓狂？

什么能让管理轻松而且有效？

答案只有一个，那就是制度化管理。制度化管理是由德国社会学家马克斯·韦伯提出并为现代大型组织广泛采用的一种管理方式。制度化管理的实质在于以科学确定的制度规范为组织协作行为的基本机制，主要依靠外在于个人的、科学合理的理性权威实行管理。实施制度化管理，首先要正确理解制度的作用。为了深入地分析和认识制度对公司的作用，制度的功能可以分成基本作用和派生作用两大类。

1.6.1 制度的基本作用

基本作用是制度独有的，制度作为秩序的形成机制，在秩序的建立和维持中，发挥着独特作用。

第一，有利于指引员工的行为。制度告诉员工可以做或不做什么，必须做或不做什么，让员工工作时有安全感。员工可根据制度规范自己的行为，在制度规定的范围内最大限度地发挥个人的潜能，完成工作任务。

第二，有利于评价员工行为。制度将一切员工行为纳入评价体系之中，能够判断、衡量员工行为的好与差、对与错。为公司员工能力的发挥提供公平、公正的环境；根据岗位寻找合适的员工，为员工提供晋升和奖惩标准。

第三，有利于员工预测行为后果。混乱代表着偶然、随机和不可预测，秩序则表现出现象、行为和结果的可以预期性。制度明确规定了行为主体作为与不作为的范围及其后果，员工可以根据这些规定预见到自己行为的后果以及他人可能采取的行为，从而决定如何调整自己的行为才是最为有利和安全的。

第四，有利于教育员工思想。制度的实施可为员工提供正面的鼓励和反面的教育，员工可以相互影响、促进，共同提高，从而形成企业积极向上的良好风尚，进一步激励员工形成爱岗敬业、诚实守信的职业态度。

1.6.2　制度的派生作用

制度的派生作用与基本作用不同，主要区别在于这些作用不是制度所独有，企业文化、职场习惯、职业道德等其他社会规范也能产生类似的作用。

第一，提高效率，节约成本。工作中，必然产生劳动耗费，有的必要，有的不必要。制度的作用就是通过对最佳操作的重复利用，减少不必要的劳动耗费，提高生产效率。制度还可以节约公司内部的协调成本，免除一些不必要的请示和汇报。

第二，规范操作，避免事故。员工之间存在个体差别，作业参数（动作速度、搬运的重量、动作幅度等）随作业时间变化。如果作业程序、作业方法等成为制度，员工不断重复同样的程序，不仅有利于缩小个体差别，还有利于消除不合理的动作和程序，增加作业可靠性，避免发生事故。

第三，储备经验，持续改进。每个人都有好主意，有宝贵的经验和优秀的方法，这些内容制度化，就是在储备经验，并能在原来制度的基础上持续改进。

第四，交接培训，大量复制。有了制度，每一项工作即使换了不同的人来操作，也不会在效率与品质方面出现太大的差异。制度化做得越好，对员工技能的依赖就越低，员工离职也不会对企业造成太大的影响，随着企业规模的扩大，统一的制度便于快速化的培训与复制。

第 2 章　制度管理透视

一听到制度，大家或许会联想到，没有情感的冰冷资料，但优秀企业的制度绝非那种枯燥无味的资料，而是一套极具智慧的管理工具。制度建设是企业合规管理的基础，也是合规经理工作的重点。从企业整体角度来看，制度建设是一个内在有机联系的系统。这个系统基本上可以划分为制度管理体系和制度内容体系两个部分，两者相辅相成，缺一不可。其中，制度内容体系是制度建设的主体，制度管理体系是制度建设的保障。鉴于此，制度建设应从两个方面入手：一方面要强化管理体系，另一方而要优化内容体系。本章介绍管理体系，内容体系留待下一章探讨。

2.1　铁路公司与制度管理

工业革命以来，制度化管理大多数情况下被认为是企业中的管理实践，直到出现第一批现代化企业。铁路公司被认为是世界最早出现的现代化企业之一，所有权与经营权相分离，这是因为建设铁路所需的资本大大超过了纺织厂所需要的资本。铁路公司和纺织厂在管理上有着重大差别：纺织厂可以化整为零，承包经营；而铁路公司必须一体化作业，通过复杂协作实行集中管理。这就催生了最早的制度管理职能。

19 世纪中后期，由于开发西部的客观需要，美国铁路发展尤为迅猛，铁路线纵横东西南北，设备和雇员分散于全国各地，加大了协调和控制的难度。由于管理不力，铁路事故频发，铁路公司普遍存在效率不高、经营不善等问题。针对这种情况，纽约伊利铁路公司总监丹尼尔·麦卡勒姆提出纪律严明的管理方式，即各层次的管理部门必须严格遵守制度。他的措施非常具体，包括依据不同的任务将工人划分为不同的等级，拟定职务说明书，制定各种制度来落实员工的责任，绘制正式的组织结构图，等等。例如，为了使管理人员和顾客一眼就辨认出相关责任人，他最早推行统一“制服”。每个员工的职责都写在员工守则和员工作息表上，没有按制度执行的员工将会受到停职、降级和开除的处理。这种管理方式体现了由传统小企业散漫随意的工作习惯向现代大企业管理制度体系的转变。

麦卡勒姆的管理经验被其他铁路公司广泛采用，宾夕法尼亚铁路公司更是全盘照搬他的管理方法。该铁路公司先后投资或是合并了共800家铁路公司，曾是当时世界最大的上市公司。该公司总经理汤姆森非常欣赏麦卡勒姆关于制度化管理的观点。汤姆森将制定制度的权力授予公司的总机械师。根据组织手册：总机械师为了维护“使生产得以进行的纪律和实现节约措施”而制定制度。当时，铁路制度十分严苛，工人随时可能因为工作时间睡觉等严重违纪行为而遭到开除，工间偷空休息等轻微违规将会导致工资停发，公司雇用的“特殊警察”确保员工严格遵守公司的制度，甚至随身配有警棍。由此，宾夕法尼亚铁路公司不但蒸蒸日上，还培养出了一批管理精英。钢铁大王卡内基从宾夕法尼亚铁路公司起家，又把麦卡勒姆的方法推广到钢铁企业。

2.2 制度管理部门的设置

我国早期的制度管理也源自铁路公司，而且也是由工程师主导制定的。早在1905年京张铁路修筑时，总工程师詹天佑便主持制定了《行车规则》《调动车辆规则》等一整套制度。1955 年，国务院法制办下发了《中华人民共和国国务院转批〈关于法律室任务职责和组织办法的报告〉的通知》，规定“法律室”主要是协助企业根据国家法律法规制定企业规章制度，这是我国企业制度管理部门最早的文件依据。此后，制度管理职能受到国家政策、管理模式、经营规模等因素的影响，各个企业设置的部门各不相同，分别隶属办公室、企管部、人事部等。制度管理部门在组织架构中处于哪个位置，根据公司行业和规模的不同，有四种常见方案。

2.2.1　设立独立的“合规部”

在公司内部设立一个独立的合规部门，任命首席合规官作为制度管理总负责人。例如，西门子公司就设立了独立的合规部门来负责公司的制度管理工作；无印良品也成立了合规委员会，建立响应现代法规的管理体制。该类型的优点在于，合规团队独立性强，专业能力强，工作做得相对专业。当然，这样的设置需要：企业投入大量的资金、人力等资源；对合规人员职业技能要求高，既要懂合规专业知识，又要懂具体的业务知识；对合规部门与其他部门之间的沟通协调能力要求较高。

2.2.2　由法务部与合规部共同组建“法律与合规部”

合规部门与法律部门工作关联度最高。从国内外实践看，合规部门经常是在法律部门的基础上发展起来的。在部门设置上，大部分金融机构采取了法律部门与合规部门合并的方式，少数采取法律部门与合规部门分立的方式。例如：中国中铁公司就在原有的法律事务部下增设了合规处，法律事务部变更为法律合规部。该类型的优点在于：部门设立相对容易，投入成本相对较低，公司在设立合规部门时可以利用公司现有法律部门的资源；在一个领导之下，合规部门与法律部门之间的沟通相对顺畅。

2.2.3 由法律、审计、风险管理、合规等职能部门共同组建法律合规部

企业采用这样的方式往往是在原有的法律、审计部门基础上增加合规人员，组建具有法律、审计、风险管理职责在内的法律合规部。例如，招商局集团就组建了法律合规部。此类型有助于合规部门与法律、审计和风险管理部门之间的信息沟通，方便合规管理团队了解法律部门在工作中遇到的法律风险、审计中发现的风险等。当然，这样的设置对部门负责人的领导力提出了很高的要求，该部门要做好业务与合规风险管理的平衡。

2.2.4 综合化的制度管理部门

还有一种制度管理部门设置方式，那就是将制度管理部门归口于公司某个综合性的职能部门（如办公室、综合管理部、经营管理部、企业管理部等），指定一位兼职人员负责制度管理事务。这类设置常见于草创期的公司。公司有一定的日常性制度管理事务，但又未重要到需要设立一个专门的部门负责这一块工作，因此公司会将制度事务工作归口到某个综合性的部门。这种设置的最大好处是，公司节省了管理成本，但又在某些时候能够起到预防合规风险的作用。不足之处是，归口于职能管理部门，制度管理工作的发挥受限于该部门的资源配置。

2.3 制度管理部门的职责分工

制度具有基础性，由此直接体现了制度管理是普遍性的企业行为。制度管理部门作为公司的职能部门，员工的敬畏感是它存在的基础，而敬畏感来源于员工对该部门职责和地位的了解。所以，作为公司员工，

你必须了解该部门的职责，以及这个部门对企业的管理模式。

2.3.1　公司制度管理部门的职责分工

本章适用于集团公司总部及其全资子公司、分公司（以下称“所属企业”）的制度管理。集团公司与所属企业共同出资设立并控股的公司，视为集团公司全资子公司，其制度管理适用本规定。集团公司其他控股公司制度管理参照本节执行。

第一，公司制度管理部门主要履行以下职责：

- 负责组织制定公司制度管理规范；
- 负责组织制定公司制度体系建设规划；
- 组织或参与总部重要制度的论证和起草工作；
- 审核总部各类制度草案；
- 组织总部对制度实施进行监督检查，协调处理总部制度执行中的冲突；
- 指导、检查和评估本机构相关部门及所属企业制度管理工作；
- 本办法规定的其他职责。

第二，公司各职能部门负责本部门职责相关制度的管理，主要职责包括：

- 负责建立完善主管业务领域制度体系；
- 负责主管业务领域的制度的起草；
- 负责主管业务领域对总部制度的宣贯培训、组织实施、监督检查；
- 负责主管业务领域对总部制度的评估、改进与清理；
- 对与本部门职责相关的制度进行维护管理；
- 承担与本部门职责相关制度的解释、执行；
- 监督、评估与本部门职责相关制度的执行情况；
- 指导、检查所属企业相关业务领域制度建设工作；

- 本办法规定的其他内容。

第三，所属企业负责本企业的制度建设工作，主要履行以下职责：

- 负责贯彻执行总部制度；
- 负责建立完善本企业制度体系；
- 依据总部制度，制定本企业具体制度；
- 负责本企业制度的宣贯培训、组织实施和监督检查；
- 负责本企业制度的评估、维护与清理。

未设法律事务部的所属企业，应当指定相关部门负责制度管理工作。

分公司可制定适用于辖内的制度，并向上一级公司相应的主管部门报备。除当地地方性法规、地方性制度或监管机构有要求外，在满足业务发展及管理需要的前提下，分公司应当尽量不再专门制定制度，以提高全系统制度的统一性、完整性、有效性。

2.3.2 监督与责任

合规部门应定期或不定期地对各部门制度的内容及执行情况进行检查，及时出具检查意见，并对各部门制度的维护工作进行检查。对于检查中发现的制度问题，各部门应及时整改，合规部门应对整改情况进行监督和检查。

公司将制度管理工作纳入公司经营业绩考核指标体系，按照公司相关规定进行考核，并将考核结果作为业绩评估、干部任用、评先选优等的依据。制度管理部门组织开展制度建设和管理工作检查，对工作突出的业务部门或单位表彰奖励，对工作不力的业务部门或单位通报批评。

违反本办法，有下列情形之一的，应对责任单位通报批评；造成严重后果和不良社会影响的，按照公司违纪违规处分规定追究责任人员的责任。

- 违反程序、超越权限制定制度的；

- 违反国家法规强制性规定的；
- 与上级制度相抵触的；
- 未按规定履行制度修改、宣贯培训、监督检查职责的；
- 未按规定进行制度评估和维护的；
- 违反本办法的其他行为。

2.3.3 所属企业制度管理

所属企业应当依据国家法规，结合企业实际，明确本公司制度层级和制定权限，确定本公司合规部门，建立制度管理体系。所属企业应当按照集中统一的原则，在企业层面建立制度体系，提高制度的集约性和标准化，避免层层转化制度；需要授权下级公司制定具体作业制度的，应当明确制定程序，加强指导和监督，保证制度质量。

所属企业按照总公司制度要求制定本企业制度，应当符合以下要求：

- 管理的原则、范围、事项应符合上级制度；
- 职责权限、管理程序、管理要求应与上级制度有效衔接；
- 根据本企业生产经营管理实际，对管理程序和要求进行细化，保证制度规定落实到位；
- 内容应当体现公司整体意志，不得与公司制度相抵触。

所属企业以执行总公司制度为基本原则，有以下情形之一的，所属企业可以制定有关制度：

- 国家法规有强制性要求的；
- 公司制度明确授权或者要求所属企业制定的；
- 本公司经营管理事项存在差异，总公司制度无法适用的；
- 根据本公司经营管理实际，需要细化总公司制度的；
- 总公司制度没有规定，但本公司经营管理确有需要的。

公司新设立的所属企业，应当在设立完成后六个月内，完成基本制度的制定工作。公司新收购的控股所属企业，应当在收购完成后六个月内，完成基本制度的制定、修改工作。

2.4 制度全生命周期管理

生命周期理论来自生物学，是对生命体从出生到死亡的过程的观察和描述。将出生、成长、成熟、衰退、死亡的过程变化，以及经不同阶段所呈现出的连续性、阶段性的变化特点，用来描述人类社会中的有关现象。制度生命周期是一个制度从立项到废止的闭环管理过程。以下是对制度生命周期的各个环节的具体介绍。

2.4.1 立项阶段

立项阶段的预期目标是把好制度入口关，从源头上确保制度质量和协调性。一是各职能部门根据本部门年度情况制订计划，向制度管理部门提出制度新建、修改及废除的申请。二是制度管理部门按照合规性、必要性和协调性原则，对职能部门的立项申请进行审查，给出准予立项、不予立项、增加立项等审查意见。三是在计划各环节工作安排和时间进度时，估算好各阶段的工作内容、工作难点，预留一定的调节时间，尤其是对于需向上级公司、监管机构报批、备案后才能发布实施的制度，应预留出报批和备案时间。四是因外部客观环境变化需调整立项计划的，职能部门应及时向制度管理部门提交申请，说明调整内容及原因。

2.4.2 起草阶段

经过制度管理部门立项审核后，制度进入起草阶段，起草由立项提出部门负责，对于业务、职责交叉的制度，由相关部门联合起草并明确牵头部门。起草部门应当组建项目团队，协调好各种资源开展起草工作。在此阶段，项目团队应做到：充分收集有关资料，了解标杆企业状况；全面把握制度定位及其与相关制度的关系；掌握相关国家法规和上位制度的要求；深入调查研究，广泛吸取各相关部门的意见和建议。对制度制定的必要性、调整范围和对象、需要解决的主要问题和解决方案、与现有制度的关系、部门职责划分、主管部门的确定等进行充分论证；对于重要制度或有争议的问题，应当形成论证报告和制度草案，提交相关部门讨论。

2.4.3 征求意见阶段

在征求意见之前，起草部门应对制度征求意见范围认真梳理，确保制度与征求意见单位具有相关性，特别要征求可能会产生分歧的单位的意见。如忽略制度使用中任何单位的意见建议，则势必会对制度的实施产生不利影响。被征求意见的部门填写制度征求意见反馈单，盖章签字后返回制度起草部门。起草部门根据反馈的意见统一处理，统筹各方意见，确定采纳或者拒绝采纳的意见，形成意见汇总处理表。对于拒绝采纳的意见，应在意见汇总处理表中说明理由。制度管理部门可根据反馈意见决定是否再次征求意见。

2.4.4 审查阶段

合规审查主要通过合规部门进行。审查前，起草部门应对制度草案内容的可行性、出台时机以及实施后的效果等进行研究，并形成起草说明，为审查提供参考。制度管理部门收到制度草案后，组织书面审核，分别从合规性、合理性、可行性、可操作性、严谨性、统一性、协调性、简明性、规范性、易用性等角度进行审查。收到审查申请后，制度管理部门应在规定期限内向报送单位反馈审查意见，不符合要求的制度草案应退回原起草部门进行修改。审查通过后，制度起草部门形成制度审议稿，制度管理部门根据制度决策的不同权限，启动具体的制度审议流程。

2.4.5 审批及发布阶段

根据制度的不同分级，确定不同的决策过程。审批流程中，制度管理部门组织召开审议会议，或者相关部门会签、再报董事长或者总经理签署发布。审批草案时，合规部门或起草部门应当对草案做出说明，对涉及员工切身利益的制度还应按法律规定履行公示或者告知程序。制度草案审议通过后，送合规部门和有关部门审核会签，由部门负责人签署、颁发，由办公室统一印制、下发和归档（含电子文档）管理。为保持制度的连续性和稳定性，鼓励公司采用公文形式发布制度。同时，办公室将制度文本抄送制度管理部门备案，并由制度管理部门上传制度数据库。

2.4.6 制度执行阶段

制度由公司名义发布后，制度起草部门需要采取有效措施，对已发布的制度进行宣传，使与制度实施有关的部门和人员能够了解、掌握制度内容，确保制度的贯彻执行。制度执行过程中，有关部门和单位发现有冲突、遗漏等问题时，应当及时向制度起草或制度管理部门提出修订或废止意见。制度执行中，需要解释的，应当采用书面形式，其解释不得违背制度的规定。制度起草部门应当根据国家政策、法律法规的变化和集团公司发展的要求，及时提出修改或废止制度的建议。制度管理部门应当组织有关单位对制度进行全面或专项清理，提出具体修改或废止意见。审计、监察等监督部门应当按照有关监督检查的程序和方法，在本部门职责范围内对制度的实施进行监督，对违反制度的行为应当按集团公司有关规定及时查处。

2.4.7 维护阶段

制度制定以后，应当在一定阶段内保持稳定，以便通过重复利用获得效益。要改变制度重发布、轻维护的管理方式，明确维护职责，按照权责一致的原则，起草部门要切实承担起维护责任，重视制度的修改、废止等维护工作。各职能部门根据职责分工和管理需要，常态跟踪外部法律、法规、部门规章和监管规定的变化，分析这些变化对制度的影响，及时提出制度立、改、废的建议。及时跟踪，动态调整，常态维护，实时与外部法律法规和监管规定接轨，满足公司业务发展和风险控制需要。积极利用信息化手段，逐步实现公司制度上网，实现制度检索、全文阅读的功能，方便制度学习、制度执行和监督检查工作。

2.5 集团公司制度管理的模式

以集团系统为主体开展制度管理，是集团公司开展有效管控的重要手段。但是，集团系统具有多层级、多地域和多元化的特点，统一制度管理从母公司到子公司的所有业务层级是有困难的。目前，集团系统制度管理根据成熟化程度，可以分为以下几个模式。

2.5.1 缺位式管理

母公司不对子公司的制度管理进行任何干预，由各子公司自行管理。采取缺位式管理的集团公司一般具有两个特点：其一，母公司对新的业务领域并不熟悉，无法运用以前积累的管理经验对这些业务实现有效管理，如果非要实行强硬的管理，或许会造成子公司经营的混乱；其二，这些新的业务对集团系统整体运营来讲无论规模还是利润都显得十分微小，对集团系统整体的影响不大，即便这些业务出现经营风险，也不会影响集团系统整体运营。

2.5.2 散点式管理模式

母公司对子公司的制度管理是由不规则的关键管控点组成的，集中在重要投资决策、重要人事任免、大额资金使用等方面，它们各自担负独立的管控职能，相互之间没有内在联系。母公司重点集中管控权限管理和事权管理。权限管理方式比较粗放，而且是动态变化的，容易导致管理漏洞；事权管理方式属于事中管理，容易引起被管控子公司的不满，最终影响管控效果。以关键管控点为核心开展制度管理，应该说是走出了制度管控的第一步。

2.5.3 审核式管理模式

这种模式中，母公司与子公司平分制度制定权。起草权掌握在子公司手中，母公司对子公司起草的所有制度进行审批，只有经过母公司审批的制度，子公司才能正式发布。这种模式促使子公司在起草制度时必须考虑母公司的管控要求，否则难以通过审批。在这个模式中，母公司已经将对子公司的管控全面提升到较高阶段。

2.5.4 模块式管理模式

模块式管理指的是关于子公司运作最为重要的人、财、物、信息等职能由母公司直接制定制度，在这些管理领域之外的模块中，实行制度审核式管理。母公司在重要的业务与管理领域更能控制风险，避免子公司自己制定制度带来的集团系统管控漏洞。这相对于审核式管理，已经属于更细化的阶段。对大多数集团公司而言，由于集团系统业务多元化，受母公司管理能力的限制，模块式管理是制度管理的最普遍模式，认可度较高。

2.5.5　一体化管理模式

母公司承担子公司所有制度的起草与审核，并且统一发布子公司所使用的制度，子公司在母公司发布的制度下开展工作。在这种模式下，母公司与子公司间具有明确的分工。母公司既是制度的起草者，又是制度的发布者。子公司是制度的执行者。在制度制定权上，母公司的权力是完整的，子公司的权力是空白的。这种方式恰好与缺位式管理模式形成鲜明的对照。由于一体化管理模式对企业的经营环境差异性、业务的多元化程度及对子公司的股权控制程度都提出了较高的要求，能够真正施行一体化制度管理的企业并不是很多。

2.6　制度管理信息化建设

制度管理需要依托信息化手段开展制度数据的管理。目前，各个企业制度管理信息化水平不一，少部分企业通过信息化手段规范了制度审批流程，搭建了制度查阅的平台。例如，无印良品每个店面都有制度，称为 MUJIGRAM，总计 2000 页。总部职能部门也有制度，称为业务标准书，共达 6608 页。无印良品利用自身信息系统将这些制度汇编，员工随时可以查询和打印。大部分企业甚至未开展制度管理信息化建设，仍然通过纸质或行政文件的形式进行管理。有些企业通常将制度数据库作为法律合规信息系统中的独立模块进行开发。制度数据库包括对整个与企业相关的内外部完整约束集的管理，所有规范性内容均在管理范围，同时对内容版本的有效性进行关联，通过将制度类文件进行归集与标定，形成制度“数据仓库”，消除“信息孤岛”。

2019 年，震海集团（为笔者虚构的企业，以经营制药厂起家，近年来业务扩展到房地产、物业、能源、文旅等行业，还组建了金融控股公司，统筹银行、证券、保险及信托等机构）委托天津栢柯信息技术有限公司开发了法律合规信息系统，制度数据库是其中的重要内容，包括制度发布、规划立项、征求意见、制度评价、制度检索等功能，形成了“制度立项—征求意见—制度发布—制度检索—制度评价”相对完整的管理过程，解决了集团企业涵盖集团、所属企业等多层级制度存在交叉或重叠等问题。

制度数据库设置了制度管理员、制度专家和普通用户三种用户类型。制度管理员登录制度数据库需输入用户名和密码，享有制度上传、修改、查询、下载和维护的权限；制度专家是集团总部各部门和所属企业所指定的人员，制度专家登录制度数据库需输入用户名和密码，享有反馈制度草案征求意见的权限；普通用户无须输入用户名和密码，直接点击“查询制度”即可查询数据库全部制度，包括震海集团和各所属企业的制度。

为保证制度数据库完整、及时更新，震海集团和各所属企业制度管理部门应及时登录和实时维护。震海集团每个季度更新震海集团现行有效制度目录，每月更新制度库制度。本公司各起草部门应在制度发布后向制度管理部门备案，办公室配合制度管理部门提供相关制度目录和数据。下面简单介绍制度数据库各个子模块的功能。

2.6.1 制度发布

使用人员：制度管理员。

功能：通过制度发布和制度维护页面，制度管理员可以上传新制度，修改原有制度信息。为实现全文检索，上传制度的正文、附件、起草说明等应使用 word、excel 格式。

2.6.2 规划立项

使用人员：制度管理员和普通用户。

功能：制度管理员可以上传制度建设规划纲要、本年度制度制定或修订计划、汇总整理普通用户提出的制度制定或修订需求。普通用户可以查询制度管理员上传的制度信息，并提出制度制定或修订建议。制度管理员应及时发布制度规划、立项信息，汇总整理普通用户提出的制度制定或修订建议，反馈给制度制定部门。

2.6.3 征求意见

使用人员：制度管理员和制度专家。

功能：制度管理员可以发布需征求制度专家意见的一个或多个制度草案，也可以就某一制度板块征求并汇总制度专家意见。制度专家可以查询制度草案并提出意见。集团制度管理员发布的制度草案，集团制度专家可以查询并提出意见。如有需要，授权的所属企业制度专家可以查询并提出意见；所属企业制度管理员发布的制度草案，只有所属企业制度专家可以查询并提出意见。如有需要，经授权的集团制度专家可以查询并提出意见。

2.6.4 制度评价

使用人员：制度管理员和普通用户。

功能：普通用户提出制度评价意见。制度管理员收集汇总制度评价意见，并反馈给本公司起草部门。

2.6.5 制度检索

使用人员：制度管理员和普通用户。

功能：制度管理员可以查询、复制、下载本公司制度，普通用户可以使用查询功能。各使用人员可以通过制度名称、制度制定部门、文号、起草部门、效力层级等要素进行检索，也可以通过全文检索所需制度。

第 3 章　制度体系建设

体系是一定范围内或同类的事物按照一定的秩序和内部联系组合而成的整体。公司制度体系是由单个制度组成的有机统一体，每个制度通过形式、范围、效力等要素，在体系里都有自己的位置。在管理日益科学化、精细化的现在，制度体系建设的重要性越来越大，很多企业把不断加强管理制度体系建设作为提高企业竞争力的重要途径。建立制度体系就是运用系统论方法，将功能相同的制度，按照最优化原则，科学、有机地融合在一起，形成体系。通过制度体系，我们可以清晰地判断目前缺少的制度、拟制定的制度在整个制度体系中的位置，便于采用适当的制度形式、制度语言，便于制定时掌握左右关联制度，避免重复、冲突。

3.1　制度体系的建设时机

在发展的不同阶段，企业发展所面临的挑战和亟待解决的问题是不同的，制度体系的目标、形式、管理范围、管理强度等也有所不同。

3.1.1　初创期

企业重点考虑市场占有和产品创新，日常管理尚不正规，制度较少，出现什么问题解决什么问题。这个阶段，创办人依靠其对商业前景的狂热而坚定信念，把一批人聚集起来共同创业，一般创办人都有集权和个性化的领导风格。这个阶段的企业管理方式以家长式管理和家族式管理为主，“人和”和“血缘”成为企业的凝聚力，对制度的需求不大，这种管理模式被称为“经验管理”。

3.1.2 成长期

公司达到 150 人，意味着突破创办人社交圈的人数上限，公司就要考虑加强内部沟通、跨部门协同等，这需要基本的制度体系。这个阶段的企业管理模式和家长式管理相比没有质的变化，依然是领导集权制。管理者所拥有的经验已经无法满足企业发展的需要，创业团队很难依靠沟通熟悉每一位员工，凭经验、靠感情的管理无法满足企业发展需要，企业需要建立一套涵盖行政、财务、人事、生产、采购、营销等方面的制度。

3.1.3 成熟期

企业具有完备的制度体系并遵照执行，只是根据企业当前的发展状况、存在的问题等需要对原有制度进行修订、废止或者制定新制度，这个阶段的企业为了将已成熟的制度体系在运营过程中进行固化，主要采用 IT 技术建立信息系统，用以解决制度执行中的不足，同时将制度固化成员工的习惯。经过快速发展，最初的创业者不能胜任经营者，从外部市场选择职业经理人，重新建立制度体系就成为必然的选择。但这一过程并不是轻易可以完成的，创始人与经理人在经营理念上时有冲突。

3.1.4 衰退期/再生期

任何企业，不论规模多么庞大，或者业绩如何辉煌，都会面对衰退的问题。许多企业虽然可在短期通过“借鉴”完成自己的制度体系建设，但缺乏对制度目标与制度内容之间关系的领悟，导致制度异化；员工之间缺乏信任感，企业中充满了“机械化”，使企业失去活力与创造力，成为一个僵化的组织。此时，企业要尽量缩短衰退期：可以通过管理体制和运作机制的彻底改变，来促进自我蜕变，从而进入再生期。经过剧烈的业务变革而进入再生期的企业，需要根据新业务、新产品等修订制度或重新建立制度体系。

3.2 制度体系的系统原理

体系是若干有关事物或某些意识相互联系而构成的一个整体，泛指一定范围内或同类的事物按照一定的规则，内部联系组合而成的有机整体。制度体系建设是将公司或者所属企业的制度，按照一定的分类或者顺序体系排列，按其内在联系形成的科学的有机整体。我们可以将制度体系看成一个企业的完整的“系统”，并以此为基础设计制度体系，调整制度间的上下层级关系及相互配合关系，从而形成完整的系统。具体来说，体系化的“最佳效果”不是从单个的制度中去取得，而是从由制度组成的系统中去取得，这个系统的效应超过了单体制度效应的总和，这个原理为建立制度体系奠定了理论基础。那种简单地将各种现有制度收集在一起，通过修修补补而形成的工作成果，只是“制度汇编”。在系统论的指导下，我们认为制度体系一般具有四个特性。

3.2.1 目标性

所有的人造系统都有特定目标。如果制度体系的目标设置不同，则形成的制度体系也不相同。当然，企业制度体系通常具有多个目标，例如安全生产、质量管理、节能减排、降低成本、促进创新、提升效率等被大多数制造业企业作为目标。如果没有明确的制度体系建设目标，那么在建立制度体系的过程中，企业就不知道制度体系应该包括哪些制度，不应该包括哪些制度，制度体系还缺少哪些制度，哪些制度是多余的。

3.2.2　整体性

系统具有整体的结构、整体的特性、整体的状态、整体的行为、整体的功能。组成制度体系的子体系之间相互成套、相互支持、相互协调，围绕着共同的体系目标发挥协同整体效应。制度体系，就是企业依据管理要素、管理维度、企业价值链或其他内在逻辑关系将企业所有制度构建在一起形成金字塔形体系。

3.2.3　层次性

系统的层次性是任何一个系统都可以分解为一系列不同层次的子系统。从一定范围内的若干个制度中，提取共性特征并制定成共性制度，这种提取出来的共性制度构成制度体系中的一个层次。例如，台塑集团的制度数量已达到 2175 项，包括人事、财务、资材、工程、生产、安全环保、经营分析、营业、计算机、总务、共通、其他 12 个业务类别，以及规则、办法、准则、细则、作业要点和计算机作业说明 6 个层面。

3.2.4　相关性

系统的相关性是系统各要素之间相互制约、相互影响、相互依存的关系。制度体系中的相关性主要是制度之间的引用关系、参考关系，组成制度之间的相互作用、相互支撑的结构关系。制度体系内的制度之间应避免多重归口，要避免多个部门重复交叉制定制度，因为这样会导致制度混乱，对同一个制度化对象编制了不同规定。因此，制度建设应把握一个原则——有用的制度一个不能少，多余的制度一个也不要。

3.3 制度体系的内容构成

企业作为一个系统，组成企业系统的子体系包括生产运作体系、资源管理体系、财务体系、技术研发体系、质量管理体系、职业健康安全体系、信息化体系、制度体系、营销体系等若干大小体系。这些体系之间相互作用、相互支撑，共同构成企业有机整体，为企业的核心业务目标服务。但是，对企业来说，制度体系的范围可大可小。不同的企业，有不同的管理活动。我们知道，企业内部有两种活动，即职能活动和业务活动，它们都是保证公司组织目标得以实现的手段和方式。从理论上说，从内部价值链来看，企业所有活动包括直接给客户提供价值的业务活动和间接给客户提供价值的职能活动。举个例子，剧团为顾客提供演出服务，从编剧、排练、舞美设计，到卖票、收票、搭台，再到演出、音响、照明、控制等，都属于业务活动；而编制演出规划、编写排练流程、安排人员分工、监督演员表现等，则属于职能活动。

3.3.1 职能制度

职能制度是对业务活动进行计划、协调、组织、控制及领导的工作内容。根据企业的管理职能，可以确定职能制度的分类。例如，中石化集团管理、服务与支持制度共计 30 大类，涵盖公司全部业务领域和管理职能领域。上述 30 大类业务，按照其各不相同的业务流程或管理职能，又分解为 157 个中类，包括：决策与综合协调管理制度、发展计划管理制度、资本运营管理制度、生产经营管理制度、集团财务管理制度、股份财务管理制度、企业改革管理制度、人力资源管理制度、科技管理制度、工程管理制度、信息化管理制度、健康安全环境管理制度、法律事务管理制度、纪检监察管理制度、审计管理制度、外事管理制度、后勤服务管理制度、党群工作与企业文化管理制度等。当然，每家企业的职能不尽相同，这就需要企业根据各职能的关键性、职能制度的数量等因素确定各制度内容，力求做到无交叉、无遗漏、无重复，使之涵盖管理职能的方方面面。

3.3.2　业务制度

业务制度是直接为客户创造价值的工作内容。根据企业的业务主流程，将相似、相近、相关的经营职能活动进行归并，可以确定业务制度的分类。例如，中石化集团主营业务、配套业务及相关业务制度也分为 30 大类、157 中类，包括：油气勘探开发业务制度、炼油业务制度、化工生产与销售业务制度、油气与非油销售业务制度、石油工程业务制度、炼化工程业务制度、原油和产品贸易业务制度、物资供应业务制度、科技与研发业务制度、金融服务业务制度、公用工程业务制度、其他业务制度。难以判断内容属性的制度，均纳入业务管理制度范畴。有些活动既属于业务活动，也属于职能活动，如业务领域选择、投资项目决策等。

3.3.3　关于特许行业的制度规定

为了公共利益，对于医药等特许行业，国家法规甚至专门规定制度体系的内容构成。例如，《国务院办公厅关于建立现代医院管理制度的指导意见》（国办发〔2017〕67 号）从很多方面对现代医院管理的架构、体系作了比较完整的阐述，提出多个方面核心制度的建设。核心制度就是建立现代医院的管理体系，包括两大类体系：一类是业务制度体系，主要涉及医疗、教学和科研；另一类是职能制度体系，主要涉及人事制度、财务制度、后勤制度、信息管理、绩效管理等。

3.4 制度体系的效力层级

在内容构成的基础上，依据制度内容的包含关系，确定制度之间的牵引关系，输出的是不同层次的制度，这是制度体系的效力层级。根据制度的管理范围和适用对象，纵向上对制度进行分级。制度级别的多少，取决于企业的规模、组织机构、原有制度的层级划分以及业务管理的需要。我国大中型企业的制度体系至少分为三个效力层级，依次为宏观、中观和微观三个层面，每个层面侧重点虽然有所不同，但是各层面之间有着内在的必然联系。

3.4.1 宏观层面

对于内容体系的宏观层面，主要考虑公司制度建设如何与公司的发展战略和管控模式相适配。不同发展战略和管控模式，意味着公司管理模式和管理重点是不一样的，必然会体现在不同的管理职能上，并最终落实到制度里面。根据公司章程，集团总部的定位是战略规划、资本运营和决策中心。集团公司管理的重点是战略、财务、人力资源和投资等，制度建设要与管理重点相匹配，才能有效保障管理目标的实现。“规则”（此处仅指总部层面制定的规则）、“政策”属于此类。

3.4.2 中观层面

对于内容体系的中观层面，主要考虑构建支持集团各项职能管理的制度集合，并进行有效分类。对于某一项职能，需要建立若干相互联系、密切配合的制度，组成一个完整的、系统的、分层级的制度集合。“办法”“规定”属于此类。各职能部门首先要结合部门职责，从内容体系的要求出发，规划本部门的制度集合，做到不遗漏、不重叠。

3.4.3 微观层面

内容体系的微观层面，主要是单体制度，如规程、规范、手册、实施细则、守则、准则、须知、指引等。各职能部门要从内容上对单体制度进行优化，每个制度都应包括目的、基本原则、使用范围、必须做什么、禁止做什么、相应配套措施等内容，以便单体制度更具合理性和可执行性。

上下位关系具体表现在四个方面。

第一，上位制度对下位制度进行指导。上位制度是适用性较广的共性制度，尤其是原则性、方法性的基础制度，对下位制度有指导作用。下位制度应充分采纳上位制度的共性条款，以便在更广的范围内实现制度的兼容与协调。

第二，下位制度对上位制度进行补充。下位制度在继承上位制度共性特征的基础上，规定了更具有针对性的细节条款，补充和完善了上位制度的规定。下位制度更加贴近具体的应用领域，更具有针对性和实用性。

第三，上位制度提取共性特征。上位制度提取了某一类制度的共性特征，这样这类制度可以直接继承这些共性特征，而不用在制度中重复规定，简化了制度，而且避免了共性特征在多个制度中做不同的规定而引起的冲突、不一致的情况。

第四，下位制度涉及具体细节。下位制度从专业技术角度来说，更加具体，更加针对某一专业领域，更具有实用性和可操作性。下位制度在继承了上位制度通用要求的基础上，对具体实施细节做了更具体的规定，提出了更具有针对性的要求，对实际工作有更具针对性的指导作用。

下位制度不得与上位制度相抵触，但上位制度与下位制度无对应关系。一是管理办法并非必须配套制定的操作规程或实施细则。如果管理办法已清楚明了地提出了管理要求，且具有实际操作性，就不必另行制定操作规程或实施细则。二是如果某项拟规范的内容侧重实际操作性规定，即使没有管理办法也可直接制定操作规程。三是操作规程和实施细则可以依据政策直接制定，无须先行制定管理办法。四是相关业务的共性要求可以合并在一个管理办法中，根据操作上的不同要求可以分别制定不同的操作规程、实施细则，形成一对多的结构。

3.5 制度体系的搭建步骤

制度体系是企业管理体系中的重要一环。在制度框架的搭建方面，首先需要区分的是开展制度体系建设的企业是单体企业还是集团公司。没有分（子）公司的企业我们称为单体企业；由母公司、分（子）公司、参股公司及其他成员企业共同组成的企业法人联合体，我们称为集团公司。对于单体企业，制度体系的搭建步骤如下所述。

3.5.1 组织动员

企业制度体系建设是一项系统性工程。要推进制度体系建设从全面梳理、确定框架到体系落地的全过程管理，必须要有完善的组织体系作为保障，推动与制度建设相关的各责任主体开展工作。一般而言，组织体系可分为三个层次：第一个层次为体系建设的领导小组，主要包括企业的总经理、副总经理等领导班子成员；第二个层次为体系建设工作小组，主要包括分管业务工作副总、各部门负责人；第三个层次为体系建设的项目组，主要为各部门对接人员。这三个层次共同构成了制度体系建设的组织保障体系。

3.5.2 全面梳理

设计表单，表头应涵盖制度名称、责任部门、责任人及对应流程，并标明流程为线上或线下。根据公司现有制度分部门填写表单。各部门提交表单后，制度管理部门在厘清权责后，进行汇总、分类。工作方法包括：一是访谈，即分别选取公司相关人员进行单独访谈，充分听取大家的想法和建议，全面了解公司现状，形成访谈记录；二是资料收集分析，即从内部重点收集公司的组织架构、部门设置及职责等相关资料，从外部收集公司所涉行业的相关信息和分析行业相关资料；三是内部讨论，即项目组对访谈记录进行整理，对公司的组织架构、制度体系、部门设置及职责上存在的问题进行讨论、分析、归纳和总结。

3.5.3 确定框架

遵循“系统”原理，搭建企业制度框架，可以根据企业管理习惯或审批权限将制度体系纵向划分为不同等级；根据管理维度或管理要素将制度体系横向规划为不同类别，这样便于企业管理、维护、升级制度体系。确保企业的各项业务管理活动在制度框架中找到与之相应的制度文件，从而为制度编写提供支撑。在制度体系建设过程中，要选择与本企业业务性质相似、规模相当的企业，作为制度体系建设的外部参考资料。例如，无印良品店面使用的制度按照服务流程分类，包括：收银台业务、财务，店内业务（待客），配送，创建店铺，商品管理，后勤业务，劳务管理，危机管理，开店准备，店铺管理，备案，销售人员 TS （培训体系）等类别；无印良品总部使用的制度（业务规范书）按照职能部门进行分类，包括：衣物 / 杂货部门，生活杂货 / 食品部门，餐饮事业部 / 品管部门 / 渠道开发部门，销售部 / 业务改革部 / 客服部，海外事业部，促销宣传室 / 分销推广负责人，店铺开发部，信息系统责任人 / 企划室，财会责任人，后勤人事责任人，无印良品会员网。在制度体系搭建中，制度体系不仅层次分明，同层次的制度还要进行模块化划分，通过相关制度间的权责界面和流程接口的良好衔接，保证制度体系的一致性、整体性。

3.5.4 持续改进

遵循全面质量管理理念，以企业隐性知识形态与变化为核心，分四个步骤对制度进行“废、改、合、制”，持续改进制度质量。各部门拟订制度，最好由有经验的员工负责，经部门负责人审核后，按照制度新增、修改流程走审查及审批流程，合规部门的审查为必审环节。公司发布的制度均会抄送给制度管理部门。制度管理部门汇总正在运行的制度（含已修改、未修改），分类编制制度清单（涵盖模块名称、制度名称、发文编号、生效时间、责任部门、责任岗位），并将所有生效制度文本录入公司制度数据库。至此，一个公司制度体系已然建成，不过制度体系是一个完善、自评、再次完善的无限循环的过程，应不断更新、优化。

3.6 集团公司的制度体系

集团公司由多个单体公司组成，母公司对子公司在纵向上的管控模式不同，制度体系的搭建方式和管控要点会有很大的差异。

3.6.1 制度体系建设不仅要融入母公司的集团管控思想，而且要体现集团管控的组织架构核心理念

20 世纪 80 年代，古尔德等人在《战略与风格》（1987 年）等专著中指出公司集团的三种管控文化偏好，经过多次演变，形成“集团管控三分法”基础理论，即财务型、战略型、运营控制型（操作型）。这三种类型各有优缺点，现实中，公司集团的内部管控往往是多种模式的综合。因此，在集团公司制度体系建设的起始阶段，就需要明确母公司对子公司的管控模式，需要制定《母子公司管理制度》。该项制度为制度体系中的其他制度在涉及子公司的具体管控事项时指明方向，提供依据。

制度体系在《母子公司管理制度》指导下，对各项制度涉及子公司的管理事项一一进行了补充、完善、调整、修改，使企业集团管控思想融入整个制度体系中。

3.6.2　基于制度等级和管控模式，建立纵向的制度分级管理机制

对于不同类型的管控模式，母公司对于子公司的制度管理权限大致划分如下。由于母公司对子公司的出资情况不同，按照《中华人民共和国公司法》的要求，母公司对子公司制度管控的模式也应有所不同。对于全资子公司和直属公司，在制度建设上，可以实行相对集中管理的模式，全资子公司需要严格落实母公司的各项制度，并根据自身实际情况细化相关制度的管理办法和实施细则。全资子公司自行制定的制度，不得与母公司的根本管理制度、核心管理制度、重要管理制度相冲突，其自行制定的制度统一归口本公司的制度管理部门，并上报母公司备案。对于控股公司及参股公司，在制度建设上应以业务指导为主，通过参控股公司的股东会、董事会贯彻母公司的意图，不宜采取直接下文的方式。参控股公司应按照现代公司制度的要求建立本公司的制度体系，参照公司章程、董事会议事规则等管理制度的要求，对本公司的核心制度、重要制度等进行审核，由本公司的制度管理部门负责发布和组织实施。子公司也可参照母公司的模式建立和推行制度分级管理模式。

3.6.3　基于集团公司的业务流程和管理职能，建立横向的制度分类

前文已述，单体公司的制度包括业务管理制度和职能管理制度两大类，对集团公司来说，由于其往往是子公司的投资主体，对子公司负有管控的职能，因此，其制度体系的横向构架相对复杂，应包括股权管理制度、职能管理制度、业务管理制度三个方面，每个方面之下又有若干模块。

第4章　组建起草团队

如果你担任项目经理，你必须要有文件起草团队，从不同的视角阐明问题，并尽可能多地提出创意。项目经理所面临着的一个最重要的、最困难的问题就是团队合作。团队工作从来都不是一件容易的事情。项目经理必须和有不同性格、不同工作安排、不同动机、不同习惯的人一起工作，需要学会适应。有时候，某些团队成员本身就是独立项目经理，通常情况下他们并非是为项目经理工作或和项目经理一起工作的，仅仅因为项目需要临时加入，在这种情况下，团队合作就更为重要。

4.1　解密项目流程

项目管理最早是为了适应大型建设项目的需要，20世纪30年代产生于美国。由于它通过科学运筹管理使人们更迅速地达到既定目标，所以很快被广泛应用于社会生产的各个领域。企业管理制度的制定，不是依据某个人的管理意向进行起草的过程，而是领导与员工齐心协力、反复研究、达成共识的过程。因此，制度起草通常是以项目组为单位完成的，这必然涉及项目管理。在深入了解起草项目前，建议项目经理适当熟悉《项目管理知识体系指南》的最新版本，获取关于项目管理相关知识的整体概况。对起草项目所涉及的各个步骤有一个宏观了解，便于项目经理整体上把握项目进程。

4.1.1　明确需求

明确公司需求和公司希望达到的目的。一般说来，领导会明确设计需求、理念，或者需要解决的问题。项目组要进行调研，调研内容主要包括：了解国家法规、政策；与相关岗位员工沟通，与同业或标杆企业交流，听取意见，形成构想方案。通常制定一份制度，应该花更多的时间在调研上（至少应该分配 50% 的时间）。

4.1.2　头脑风暴

如果强迫自己思考，可能会发现不仅没什么头绪，思考过程还十分痛苦。通过聊天方式，大家相互启发，容易产生思路，这种方法叫作头脑风暴法。头脑风暴法是由美国 BBDO 广告公司的奥斯本首创。采用头脑风暴法，要遵守四条规则：一是想出的点子越多越好；二是不要评论；三是接受不同寻常的想法；四是合并改进点子。

4.1.3　列出提纲

制度结构的设计要通过列提纲细化后固定下来，以便写作时有所遵循。对写作者来说，提纲是破题的一个重要手段，构思和拟订提纲是进入写作状态的过渡阶段。对于要写的题目，写作者要认真调查研究、深入思考，广泛搜集素材、了解情况，对要写的题材有初步的认识，对主题、结构、内容有大致的想法，这就是一个提纲的雏形。提纲一旦形成，起草人就已在头脑中大致构思了一篇草案，能够做到心中有数。

4.1.4　草案编写

草案编写就是按照写作提纲，一段一段地填充有用的素材，这个过程就是写作。制度草案应当使用条款形式。根据实际工作需要，经制度管理部门同意，“规程”“规范”“手册”等也可以采用标准化形式。

对于尚不确定的职责权限、流程、考核机制等，起草人可以按照自己的理解提出初步方案，或同时提出 2 ～ 3 个备选方案，需要在文中注明，后续讨论确定。制度起草所参照的法律法规、政策文件，应在文中注明，并以附件的方式留存，以备讨论。

4.1.5 征求意见

制度初稿起草完成后，起草部门需组织相关部门讨论，讨论内容包括：制度方案是否符合设计的初衷？制度的内容框架是否全面？职责权限的分配是否合理、明确？制度内容和流程是否科学合理、具有操作性？制度的检查与考核是否客观、有效？本制度与其他制度是否存在冲突？如果冲突，冲突点在哪里？制度执行中，可能面临的问题和挑战是什么？讨论结果呈交公司领导。

4.2 项目经理忙些什么

项目立项后，首要工作是任命项目经理。项目经理是制度设计的第一责任人，对于制度设计的进度、质量和效率等起决定性作用。在起草项目中，项目经理通常是被低估的角色。开始时，大多数团队看不到项目经理的价值，往往把项目经理视为团队秘书。这是对项目经理角色的常见误解。事实上，项目经理是在混乱中引领方向的人，项目经理一职是融合了艺术与科学的职位。

4.2.1 组织工作

项目团队成员性格各异，各具特长，项目经理要使每位成员对团队产生信任感，使每位成员都能自愿地服从领导与管理。为此，项目经理要学会把不同层次、不同性格、不同年龄的人组织到一起，甚至要敢于和那些曾经与自己闹过矛盾的人打交道，并把他们组织起来与自己共同面对挑战。

4.2.2 协调关系

实践证明，工作矛盾的化解和设计难题的解决往往依靠成功的协调方法。协调工作的主要内容包括两个方面：一是内部协调，解决起草过程中的配合问题，主持召开有关起草进度与质量的协调会议，随时处理起草过程中的工作矛盾；二是外部沟通，通过沟通协调起草组织与其他业务部门之间的关系，主动征求他们的意见，领会他们的意图，统一观点。项目经理要带头建立和保持与有关部门的良好关系。

4.2.3 项目控制

项目经理需要控制进度、成本和质量等。在进度控制方面，需要根据项目期限确定每天的工作进度，确保起草工作完成后有足够的时间对草案进行排版和后期审校。在成本控制方面，开始项目前，要预算每个环节的成本，将各个环节的风险降到最低。在所有环节中，最重要的就是控制项目质量，项目经理可以通过定期返还中途稿件的方式，把握草案质量，面对不合格的起草人，要及时撤换。

4.2.4 事务性工作

项目经理还有一项烦琐的工作，就是事务性工作。事务性工作是无休止的。有些可预见，例如，要到基层工厂去调研，就有订票、托运、住宿、联系接触单位与有关人员等。还有一些突发事件，例如，调研过程中访谈对象失约等，这就是不可预见性事务。无论哪种事务，绝大部分要由项目经理负责。项目经理要用最短的时间、最快的速度处理事务，以便投入起草工作中。

项目经理不仅是制度起草项目的领导者，还是主要起草人员。项目经理要亲自做逻辑设计，这样可以基本控制设计质量，大方向不会偏。项目经理要带头干活，不能指手画脚，只有自己深入制度起草工作中，才能发现问题和解决问题。

4.3 项目经理修炼心法

成功领导一个团队的第一步，是先去了解胜任项目经理的秘诀，不管这个团队是成熟的团队还是初创的团队。整体而言，由于项目经理的职业特点，项目经理要形成某些不同于其他员工的职业素质，职业素质的形成，除了某些先天因素外，更有赖于后天修炼。那么，一名出色的项目经理，需要修炼哪些素质或者能力呢？

4.3.1 热情的态度

项目经理必须在制定制度的过程中保持专注度，必须让自己和整个团队的工作热情持续下去，保证初衷得以实现，即使最后上交草案前大家都已精疲力竭，但热情要一直存在。

4.3.2 善于交流

项目经理要能够和团队成员清楚、高效地交流。为此，项目经理需要开阔的视野和非常有说服力的口才。好的交流不仅是写和说，还要做一个好的听众和妥协者。倾听团队成员的建议，项目经理不仅能从中获取新的想法和方向，还可以提升团队成员的使命感，感到自己与项目密切相关，为此他们可能更投入。

4.3.3 重视团队合作

项目管理更多的是科学而不是艺术，依靠的不是个别成员的突出表现。制度起草的乐趣和挑战，来自工作团队成员的高效合作。团队成员的性格差异是惊人的，所以项目经理工作内容的很大一部分，就是保证所有不同性格的人确实在为同一个项目工作。

4.3.4 培养同理心

同理心和换位思考心态，是情商的一部分。同理心的作用在于，不论是面向领导，还是面向其他人员，你都能够站在别人的角度思考问题。不管什么设计，都要考虑其他人员的利益变化，提前预判谁会反对、谁会赞成。除了先天的差异，同理心可以通过后天训练加强。最基本的一点就是亲自实践，多角度体会。

4.3.5 具有全局观

制度往往由业务部门起草，无形中部门本位等客观局限性会有所体现，人们关心局部利益甚于关心全局利益，面向同一事项的制度，不同起草部门会有不同的草案。有全局观的项目经理，心中想的不是本部门的利益和需求，而是公司的整体格局。这要求项目经理要跳出本部门，提出更有高度的解决方案。

4.4 如何组建团队

起草部门应当按照“一项目一小组”原则成立项目组。项目组以项目对应的起草部门名义开展工作，接受起草部门领导。

4.4.1 团队规模要控制

项目组一般不超过五人，以起草部门人员为主，其他部门人员经项目经理同意，也可成为项目组成员。项目组可以吸纳外部专家或者基层员工代表等力量，扩大起草工作的开放性和民主性。

4.4.2 重视成员的人际交往能力和团队氛围的建设

选择团队成员时，既要看他们的业务能力，也要看其人际交往能力。有些团队成员可能是第一次参与起草项目。团队积极氛围令他充满信心，团队消极氛围会打击他的信心。

4.4.3 创造舒适的工作环境

工作环境舒适，团队成员可能会产生更多的创意。创造舒适的工作环境包括两个方面。一是工作场所要安静、干净、光线足、透风好等，当然，还要有咖啡！例如，我在起草《跟随投资管理办法》时，开始选择的办公场所是会议室，可是没有窗户，感觉很压抑。后来，发现茶水间是个好地方，透过落地窗射进来的光线充足，房间明亮，这是适合写作的理想场所。二是要解决给养，一定要为团队供应足够的零食，但不要提供油腻而难消化的食品，如辣条、油炸薯片或鸭脖。这类食品会增加胃的负担，并分散成员对工作的注意力。

4.4.4 避免思路受到干扰

团队写作需要高度集中注意力，哪怕干扰只有 1 分钟，他们都可能需要 20 分钟恢复注意力。因此，项目经理应当掌握避免思路被干扰的几个小窍门：一是写作地点要避开办公区的入口，在办公区没有门的情况下，背对办公区入口会大大减少被干扰的概率；二是在办公室的门上挂上“请勿打扰，直至……”或“开会中，直至……”的告示牌；三是使用“白噪音”，即在喧闹的、开放式的办公室里，打开小风扇把附近那些干扰降至最低。

4.5　如何领导团队

领导力是什么？就是上级对下级的直接命令吗？就是上级对下级的训斥吗？领导力其实是一种影响力，是一种让别人自愿追随的魅力。项目经理不是老板，没有给下级升职加薪的权力，但是管理的事务却很多，所承担的项目责任也很大，如何树立威信是当务之急。

4.5.1　分配任务要明确

分配工作时应当明确做什么、如何做、什么时间完成。为了确保对方明白任务，可以请其复述任务内容，确保理解没有偏差。同时，与其确认工作成果提交时间是否和其他工作冲突，是否需要调整。此外，要特别强调，遇到困难或疑问，一定要及时反馈和沟通。

4.5.2　项目实务心中有数

项目经理要有项目的大局意识：分解后的项目的各个阶段的目标是什么，完成情况怎么样，人员配备情况如何，能否胜任工作，能否被他人替代，项目执行过程中是否有风险，都要心中有数。

4.5.3　听取成员意见

项目经理能够积极采纳意见，必将鼓舞团队士气，稳定人心。采纳合理意见，倾听不合理意见，能够维系与成员的关系，让成员切身体会到归属感。

4.5.4　冷静应对团队成员的质疑

由于客观因素或主观因素的限制，项目经理做决策时，不可能照顾到各方面的利益和满足团队成员的所有要求，所以可能会受到某些成员的质疑。面对质疑，项目经理要自我调整，保持冷静，专注倾听，记录意见，耐心向成员解释做出决策的考虑。

4.5.5　不要对成员讲述烦恼与不满

在职场中总会产生各种各样的烦恼与不满，如果领导满腹牢骚，这种情绪可能传染给成员，不仅如此，满腹牢骚的领导不会得到成员的信任，可能导致成员对自己负责的事务能否正常进行产生疑问，因此，即使面对关系很亲近的团队成员，项目经理也不要对其发牢骚。

第5章 设计思考过程

我国的公文写作理论主要研究写作操作层面的相关内容，忽略了制度设计的思维本质，没有意识到设计能力主要就是思维能力。鉴于此，本章尝试从思维过程入手揭示制度设计的内在规律和方法，提出可以充分吸收和借鉴的工程学的原则、方法，将系统化的、严格约束的、可量化的方法应用于制度设计，并对思考过程进行工程化分解。对那些想要尽快了解制度设计秘诀的人来说，这些内容可能无趣，但是这对制度起草人员来说是十分必要的。

5.1 为什么写不好制度

目前，许多公司采用的是公文模式编写制度，仅对行文格式、排版格式等做出规定，难以满足制度编写的质量要求，并产生许多问题。一是执行风险高，合规义务转化不具体、不全面、不准确，存在执行风险；二是执行成本高，语义含糊、逻辑混乱，理解存在分歧，缺乏严谨性，增加执行成本；三是执行效率低，规定笼统、空泛，缺乏可操作性，降低执行效率；四是执行效果差，缺乏风险管理、内部控制等内容要求，影响执行效果。

5.1.1 缺乏专业设计思维

多数起草人员不擅长编写制度的原因体现在两个方面：一是本身就

没有把问题想清楚，编不好制度也在情理之中；二是自己想清楚了，但不知道如何清晰地表达出来让别人也清楚。进一步分析，更深层的原因是缺少有效的设计思维，不善于发现事物之间的内在关联，使得大脑中的信息零散而混乱。例如，有人过于注重细节，对整体的把控力较差，单看某个细节还可以，但组合到一起就缺乏整体性和统一性，一个“乱”字足以概况。

5.1.2 缺乏专业设计方法

制度设计是一个非常复杂的过程，包含大量的智力活动，每位起草人员都能总结出自己的经验和技巧，这些经验和技巧有助于制度的形成，但不能把个人经验作为设计方法。众所周知，建筑设计有建筑图，电路设计有电路图，机械设计有机械图。在这些工具的帮助下，这些设计直观、客观、科学、可操作性好，每一处改进都是踏实、实用的。但是，制度设计领域缺乏系统的方法论，难以分析影响制度的多种因素和复杂结构，起草人员仅凭直觉和经验对制度进行设计，这是不够的。

5.1.3 缺乏专业写作基础

制度在长期的使用中，已经形成一套固定的专用词语、一些相对稳定的句式和比较固定的套路。虽然制度内容上可以创新，但一些相对固定的形式不可随意突破。起草人员需要学习这种写作风格，避免以文学作品的风格写制度，堆砌词语，或者用学术语言写制度，绕来绕去让人看不明白。

5.1.4 依赖范本编写制度

某些企业编写制度时，直接参考制度范本，甚至不加修改，直接拿来作为本公司制度使用。但是每家企业在管理体制、决策机制、内控机制等方面都不同，没有任何一家企业的管理模式是可以复制的，制度还是要根据各自的需求和目标来编写，这样的制度才是适合自己的。

5.2　剖析制度设计思维

从事管理顾问工作时，我接触到很多优秀的企业领导者，他们对管理思想有很深入的见解，但是很多好想法都没法落地。这究竟是怎么回事？很多人认为制度设计和制度编写是同一流程，其实，编写是对整个想法的系统性记录与呈现，而产生想法与落实想法，还要靠设计。一个想法没有获得大家的认同，主要原因在于设计而非编写，草案成功与否的关键仍在于设计。制度设计有它的特殊个性、它的构思过程，有不同于其他设计的特殊规律。实践证明，只有掌握了制度设计的特殊规律，才有可能写出合乎要求的制度。那么，制度设计究有哪些特点和规律呢？

5.2.1　制度设计受时间与空间的限制，超越时空范围的设计思维是不存在的

对复杂、难度大或缺乏前人提供资料的制度，设计过程可能延续几个月，甚至更长时间。设计思维的有限时空性特征，给每一项设计结果都打上了不同的时间与空间的烙印。公司经历了不同的发展阶段，人们对客观事物的认识能力与创造精神的发挥也是千差万别的，设计结果必然会体现出时空性的烙印。

5.2.2　制度设计是在特定的管理条件下进行的，不存在脱离管理条件的随心所欲的设计

由于受到管理条件的限制，设计结果的优劣是相对的，是相对于现

有管理条件的优与劣。同一个设计，选用不同方案，会出现不同结果。

5.2.3 制度设计是为了满足某种需求，盲目的设计是不存在的

马斯洛在研究人类动机时，提出了著名的“需求理论”。他认为人的需要是以层次的形式出现的，由低级的需要开始，向上发展到高级需要，呈阶梯形，分为五个基本层次：生理需要、安全需要、社会需要、自尊需要、自我实现需要。因而，需求的多样性决定了公司对自身管理方式设计的多样性，设计必须以管理需求为原点。简言之，需求是设计的核心。

5.2.4 创造性是设计思维的又一特征

创造性思维是与常规性思维相对的一种思维方式。一方面，设计思维过程是起草人员多方案筛选的过程，通常是他们在长期酝酿、徘徊后的一种顿悟；而在赋予各种概念以具体文字的时候，起草人员又发挥了艺术创作中的直觉作用，即起草人员根据脑海中一个模糊的、似曾相识的想法出发，不断修正、补充并获得最终构思。因此，起草人员在设计初期，应尽可能多维度地展开思维活动，不宜过早地执着于某一模糊想法。

5.2.5 设计思维的过程性特征

任何制度的设计都不是一蹴而就的，是要延续一段时间的。项目经理通常有一套自己的设计步骤，这主要来源于他们的实践。尽管项目经理对于设计步骤有各自不同的描述，但是设计步骤的本质是相似的，都是一种非连续性的、跳跃的过程。

5.2.6　制度设计离不开合理的假设

起草人员进行制度设计的过程是一个提出假设、验证假设的过程：起草人员会对企业出现的问题进行考察，并将这些问题分解，提出相应的假设。制度设计方案的确定都是基于起草人员在分析过程中提出的各种假设，而设计方案的实施就是论证假设是否正确。

5.3　制度设计有方法

5.3.1　什么是方法论

方法论是将解决问题的知识系统化。灵感和创造性可由系统化的方法培育出来，有了方法论，制度设计是可以复制的。通俗地讲，方法就是“套路”！制度设计方法论是制度起草人员在具体设计工作中抽象出来的“套路”，关系和规则、模式、框架、模型、流程、步骤等都是方法的组成部分，只不过它们抽象程度不同、面对的对象不同、可应用范围不同而已。

5.3.2　总结方法的难点

方法的形成依赖知识、实践的多寡和思考的深度与广度。事实上，总结方法的难点在于制度设计所需的知识体系过于庞杂，涉及结构设计、内容设计、机制设计、功能模块设计，条款表述、语言运用以及版式设计，甚至项目管理技巧、写作心理等，难以从整体上把握制度设计的各种知识。

5.3.3　什么是工程化方法

制度设计可以利用工程化方法解决，并形成独立的方法论。“工程”

一词源自拉丁文，本意是“创造”。可见工程是与人的创造性联系在一起的。我们说到“工程”时，涌入脑中的总是建筑工程、机械工程等。从某种意义上说，这种印象是正确的，因为这些领域是工程思想应用得最早也最成熟的领域。制度设计的规范性远远不如建筑设计等，经验在发挥重要作用，理论和标准还在发展中。工程化方法主要是借鉴工程化思路，研究制度设计进程中各阶段、各步骤之间的联系规律、规则和原理。

5.3.4 正确认识方法

制度设计确实有一定的方法，但方法不是万能的。方法论是客观存在的，是一些方法技巧的经验总结和抽象化，也是共性设计规律的凝练。我的体会是，工作可以分为两种：一种是模仿性工作，有一定的程序、模式或成熟样板可以遵循；一种是创新性工作，主要靠发挥创造性劳动完成。两者之间可以转换。制度有许多固定模式和方法，初学者可以先从模仿起步，逐步掌握这些方法，并在实践中反复使用，才能熟能生巧。熟悉方法后，遇到新情况，积极发挥主观能动性，探索新模式，尝试新方法，并把它转化为固定程序和方法。

5.4 分解设计构思任务

设计构思，就是起草人员按照管理需求，根据自己掌握的材料和实际情况，对制度草案进行全面考虑。设计步骤不是固定不变的，因为设计的本质是创意的、跳跃的、非直线的。一个设计过程可能从突发奇想的解决方案开始，再架构出整个制度内容，也可能从接受一个提案任务开始，发展出整个制度内容。制度构思过程是复杂的，因此制度设计可分解为很多小任务，本书从宏观、中观、微观等三个维度对制度设计思考过程进行工程分解，分别为逻辑设计、功能模块设计、体验设计。复杂的设计任务分解后，小任务会变得简单，各任务之间的逻辑关系也变得清晰起来。

5.4.1　逻辑设计

逻辑设计过程是一个复杂的逻辑思维过程，既有分析、综合、判断，又有归纳、概括、推理，但总体上是一个由大到小，由形式到内容的过程。一般都要经过一个由粗到细、由抽象到具体、由标题到观点、由材料到语言的逐步完善的过程。我们可以把制度的逻辑结构分为三个逻辑单元，每一个逻辑单元解决一个逻辑问题，它们分别是“结构”“内容”“机制”。不管什么制度，都直接或间接地回答这三个逻辑问题。逻辑设计阶段是立足实际、形成创意的认识的螺旋式上升的过程。在逻辑设计阶段，各个设计要素处于一种抽象、模糊的发散状态，最后将各种设想纳入给定条件下可以实现的最佳解决方案中。

5.4.2　功能模块设计

功能模块设计是针对某些或某个功能模块的具体设计，满足功能需求。制度不是条款的堆砌，而是一个由不同功能的子系统组成的完整系统。根据需求，将制度系统分解为一个结构清晰、层次分明的模块组合结构，每个模块能独立完成一定功能。制度模块应具有相对独立性，尽量减少与其他模块的联系，当某个模块需要修改时，只修改此模块即可，对制度整体的影响不大。设计制度时必须处理好模块间的关系，力求以最优的方式把各组成部分连接在一起，形成一个良好的结构。

5.4.3 体验设计

阅读体验是读者使用制度时的整体感觉。体验设计需要考虑制度条款的编排、语言组织、版面规划等，以满足读者需求。这一阶段的设计，基本上决定了最终草案的质量。体验设计的目标不仅是逻辑上正确地实现每个模块的功能，更重要的是设计出的处理过程要尽可能的简明易懂。

5.5 激发创造性思维

设计思维的深度与广度主要依托起草人员的长期知识积累和创造性思维。在各种描述创造性思维过程的理论中，最有代表性的是由英国心理学家华莱士（G.Wallas）提出的“四阶段论”。他认为任何创造性活动的过程都包括准备阶段、酝酿阶段、明朗阶段及验证阶段。准备阶段，创造主体明确要解决的问题，收集、概括、整理资料，听取意见，寻找问题的关键，初步尝试寻找解决方案；酝酿阶段的最大特点是潜意识的参与，有时从表面上看，主体似乎将问题搁置，但事实上，创造主体以一种目前还不甚明确的方式思考问题，寻找问题解决方案；明朗阶段是最激动人心的阶段，创造主体终于发现了解决问题的方案，以往的困顿豁然开朗，该阶段能给创造主体带来巨大的快感；验证阶段是创造主体对整个过程的反思，将解决方案落实在具体操作中，以验证方法是否行之有效。华莱士的理论获得了普遍认可，并被许多学者借鉴、发展和完善。创造性思维是人类思维的高级阶段，它是多种思维形式的协调统一。

5.5.1 线性思维与跳跃思维

线性思维是按照正常的思维方式循序渐进、不断推进的设计思维。与它相对应的就是跳跃思维，当线性思维僵硬化，无益于创造活动时，跳跃思维可以跨越一些阶段，将思维引入新的机制中。跳跃思维作为线性思维的弥补，可以带来富有新意的想象。

5.5.2　顺向思维与逆向思维

逆向思维是设计思维的创新手段，通常是针对顺向思维的反向思维，也是带有质疑性的思维。当殚精竭虑、百思不得其解的时候，逆着事物的过程、结果、条件和位置等进行思考，常常会茅塞顿开，获得意想不到的结果。顺向思维能帮助我们学会设计，但可能也固化了我们的思维模式；逆向思维则是一种带有批判精神的思维，将事物推向了完全的反面。

5.5.3　发散思维与收敛思维

发散思维指思维向不同的角度与方向扩散，是由美国心理学家吉尔福特在 1950 年的一次关于创造力的讲演中提出来的。发散性思维的重要意义在于能够激发出更多的解决方案和设想、更多的创意和构思；收敛思维则是通过分析比较，从中找出最好的解决方案。发散思维呈现出独创性、灵活性、变通性、流畅性的特点，我们可以从功能、结构、形态、方法、组合等方面展开发散思维。

综上所述，创造性思维是设计思维的核心，并起决定性作用。没有创造性思维就没有设计，整个设计活动过程就是以创造性思维形成设计构思并最终形成解决方案的过程。

5.6　画图整理设计思路

制度设计多是通过团队合作的方式完成，如集中智慧进行构思，开展头脑风暴等形式的讨论，在讨论中明确思路、形成共识，并把讨论成果及时有效记录和整理，还可以使用一些思维辅助工具来提高思考问题的效率，如树图、思维导图、流程图、鱼骨图等。这些工具直观、易懂，能够勾勒出制度的基本轮廓及各部分的基本功能、条款间的关系和层级关系，解决了制度结构的可视性问题，并使设计工作更便于操作且有更高的效率和质量。制度起草人员要想真正做好设计工作，熟练运用一些图形工具是非常必要的。

5.6.1 树图

树图是用于表示某一主题与其组成要素之间的关系的图形分析工具。它一般将事物或现象分解成逐层扩大的树枝状。例如，麦卡勒姆曾经用一张树状组织图标出了权力与责任层次，明确了各个业务部门的劳动分工。作为“树枝”的业务部门，包括机车修理、车厢、桥梁、电报、印刷和秘书办公室等服务部门，各地的监工、乘务员、领班，还有货运站和分散的售票点等都是“树枝”上的“树叶”，所有的“枝、叶”最后都汇集在作为“树根”的董事会和董事长上。通过这张树状图我们能够清晰地看到各部门和各层次的岗位都有明确的职责分工。实际上，这种树状组织图是制度的视觉化表达形式，通过图，每个人都遵循着岗位所设定的适当行为的规则。

5.6.2 思维导图

思维导图的主要推广者是“记忆力之父”托尼·布赞。思维导图很简单却极其有效，充分运用了左右脑的机能，就是用一个中央关键词或想法，以辐射发散的形式，引出其他相关的形象和想法，并对其进行系统整理，最后形成完整的思维体系。从思维学的角度来说，它不仅运用了传统的垂直思维，即常见的逻辑思维方法，也充分运用了水平思维，即打乱一般的思维顺序，通过非常规的、跳跃式的思维去寻求解决问题的办法，从而拓展了思维的广度、深度。在制度设计中，运用思维导图进行提取、延展、归类、整理，进而设计、编排，既是思维发散的过程，也是布局谋篇的过程。通过思维导图把讨论过程中形成的想法直观呈现出来，大家对草案的思路、结构和各自的任务就会一目了然。

5.6.3　流程图

流程图是用一些经过定义的框图加上简洁的文字和运行方向，将某一个过程步骤展示出来的图示系统。不同的框图表示不同的含义，如菱形表示决策事项、长方形表示处理事项、箭头表示工作顺序等，特别适合用于表述事务处理的过程，尤其是对决策结果的不同处理。通常情况下，它被作为直观、易懂的管理工具代替冗长、难懂的文字来描述经营管理活动的过程、事项、方法，以提高生产经营活动的规范化程度。由于流程图可以直观地显示事务的处理过程，而且管理要求、管理程序不明确则无法绘出流程图，因此它还被当成分析、检验工具以发现管理制度、业务流程、事务处理中的问题。

5.6.4　鱼骨图

鱼骨图是日本管理大师石川馨发展出来的一种分析方法，又名石川图。鱼骨图在制度设计活动中有广泛的应用。鱼骨图制作原则是在制度文案的设计中，整体上有一条明确的主线贯穿其中，这是制度设计解决问题的基本逻辑，同时，沿着这个基本逻辑进行分解和列举，可以得到不同层次的问题成因和解决问题思路，这些共同构成制度设计解决问题的“鱼骨图”。“鱼骨图”解决问题的方式，不同于直线推导和论证的逻辑思维，也不同于单纯发散的创造性思维，而是各种思维形式的综合应用。

第6章　把握管理需求

在设计制度前，应充分了解公司的管理需求。完整、准确地收集和记录公司的需求、期望、痛点和难点是设计制度的前提。本章给出的方法是把握管理需求的方法，可以帮助起草人员快速领会上司的工作指示，掌握详细的调研方法，更重要的是，它与后续的设计有着严格的传递与继承关系，由于有了设计的范围、内容、格式等作为需求梳理的产出标准，需求梳理的内容就非常具体、规范，可操作性大为提升。

6.1　梳理管理需求

制定制度首先要了解和把握需求，需求的出现有企业内部的原因，也有企业外部的原因。出现以下情形或需求时，企业应当考虑制定制度。

第一，法律、法规、监管规定要求制定制度。例如，《保险经纪公司管理规定》（现已失效）曾规定：完成筹建工作的，申请人可向中国保监会提出开业申请，并提交内部管理制度，包括组织框架、决策程序、业务、财务和人事制度等材料。

第二，公司董事会或高级管理层决定制定制度。例如，项目跟投制度源自金融行业，自2014年年初房地产企业万科推出跟投制度后，金地集团、越秀地产、碧桂园、当代置业、绿地、保利等房地产上市公司先后建立了跟投制度。震海集团领导希望借鉴行业经验，高级管理层决定制定“跟随投资管理办法”。

第三，新产品、新业务的开展需要制定制度。根据内控先行的原则，在公司内部建立新产品、新业务的研发、确认、生产、标识、检验、隔离作业流程，使新产品在生产、检验、销售的各个环节都能受到有效控制，确保新产品的文件资料、物料、产品、技术、设备得到妥善处置，确保产品满足客户要求。

第四，业务经营管理上存在规则真空地带。例如，震海集团合规部门在内部检查中发现，部分所属企业投资管控缺位，缺失外派参股公司董监高人员管理制度，导致风险不断累积。为此，合规部门以书面形式向人力资源部门提出立项建议——及时制定《参股企业委派人员管理办法》，明确外派董监高人员的任职条件、决策要求、考核奖惩、法律权责等事项。

有了需求，立项部门还需进一步分析论证是否有必要制定制度。首先，判断采取制度形式还是非制度形式体现的需求。根据制度定义，如果拟订的文件同时满足制度规范性、强制性、普遍性、稳定性等特征，可以采用制度形式。对于尚未形成成熟管理意见的内容，可以暂时以指引、参考、方案、手册、意见、批复等非制度形式予以规范，避免浪费制度资源、影响制度体系。其次，确定采取制度形式后，要判断是制定新制度还是修改现行制度。现行制度已有规范并可直接执行的，不宜制定新制度；现行制度规范不够全面或不适应新的业务管理实际的或拟规范事项颗粒度较小可以并入现行制度的，应修改现行制度；现行制度没有规范，且无法通过修改现行制度增补的，应制定新制度。根据外部监管要求制定制度的，可以理解为对该事项应有制度规范，形式上可以是一项专门制度，也可以是制度中的某些条款。

6.2 倾听上司指示

本书中的上司，一般指直属上司。直属上司，既可以是上司，也可以是部门主管，还可以是业务主管。上司指示是上司向制度起草人员布置设计任务、交代设计内容、提出要求。指示的过程，也是起草人员领会意图完成设计任务的过程。上司指示主要是通过语言传达的。指示不仅是信息的交流，而且包括情感、思想、态度、观点的交流。指示具有互动性。接受上司的指示时，制度起草人员所做的工作大部分是倾听，通过倾听来理解上级的意图。

6.2.1 积极倾听很重要

倾听是弄懂所听到内容的意义，要求对声音刺激给予关注、解释和记忆。倾听需求是制定制度的前提，做好倾听工作是非常重要的。这样的倾听方式要不得：表面倾听，但注意力未集中在需求上；带有偏见的倾听或固执己见；倾听时缺乏耐心，急于让说者进入主题或等待机会打断讲话并发言；急于得出结论，在说者的讲话没有结束时，就开始对其所讲内容下结论，无法静心听完所有内容。

6.2.2 积极倾听的秘诀

积极倾听很重要，制度起草人员要掌握积极倾听的秘诀。

秘诀001 目光接触。与说者目光接触可以集中精力，减少分心的可能性，并能鼓励说者。

秘诀002 积极反馈。反馈方式分为两种：肢体语言的适当运用和语言运用。肢体语言，如赞许性的点头、微笑等与积极的目光接触相配合，向说者表明听者在认真聆听。语言运用包括不要求说者回答的语言评论（如“很有意思”“我明白了”“嗯哼”）或者对说者的话语进行解释（如

“你所说的是……”“你的意思是……”）。反馈方式的运用有助于倾听。

秘诀 003 不做分心的动作或手势。表现出感兴趣的另一做法是不做那些表明思想走神的动作。倾听时，不要看表、心不在焉地翻阅文件或者拿着笔乱写乱画等。这会使说者认为听者对这个话题不感兴趣，还表明听者并未集中精力，可能会遗漏一些说者想传递的信息。

秘诀 004 提问。积极倾听者会分析自己听到的内容，并提出问题。这一行为反映了听者在认真倾听，并为全面了解需求打下基础。

秘诀 005 复述。复述指听者用自己的话重述说者所说的内容。积极倾听者常常使用这样的语句“我听你说的是……”“你是这个意思吗？”复述是核查听者是否认真倾听的最佳方式之一，用自己的语言复述说者所说的内容并将其反馈给说者，可以检验自己理解的是否准确。

秘诀 006 避免中间打断说者。做出反应之前先让说者讲完自己的想法，不要中途打断说者。

秘诀 007 不要多说。倾听时，就专注地听，不要多说。

秘诀 008 顺利转换听者与说者的角色。积极倾听者能够使说者和听者的角色转换得流畅。从倾听的角度而言，这意味着听者全神贯注于说者所表达的内容，即使有机会也不去想自己接下来要说的话。

6.3　调研基本要求

本书的调查研究（以下简称调研），指项目组在制度起草过程中，在合理范围内对制度草案编写所需信息进行收集、核查、分析和验证等一系列活动。调研是保障制度起草质量的基础，保障了制度起草所依据信息的及时性、充分性和可靠性，项目组应有效开展调研工作，准确识别和综合判断被调查对象的问题，并将调研结果作为起草说明的重要依据。

6.3.1 调查与研究

调查与研究实际上是认识过程的两个不同阶段。调查是运用方法，尽可能真实、具体、丰富、完整地占有与调查目的、调查对象相关的材料，并对其进行比较分析。研究是基于正确立场和观点，运用方法对占有的材料进行分析、综合、推理、判断、归纳，从而得出关于对象的规律性认识。前者是搜集材料的阶段，后者是运用材料的阶段。这两个阶段联系紧密，因此通常被称为调查研究阶段。

6.3.2 调研必备的五种能力

开展调研活动时，项目组要持续提升以下五种能力：一是资料搜集能力，累积制定制度所需的各种资料，如企划书模板、内容资料及视觉参考素材；二是信息应用能力，知道通过特定媒介（报纸、杂志、网络、教科书……）能找到有效答案；三是资料管理能力，资料建档、分类管理的能力，将资料存放在最适当的位置，以便需要时快速提取；四是网络搜索能力，了解搜索引擎各种高级的搜索语法，熟悉各种文件类型的搜索引擎的使用方式；五是解决问题能力，第一次就把事情做好的能力。

6.3.3 《震海制药厂安全管理办法》起草项目中，调查研究以下几类问题

- 行为。例如：每天观察几次锅炉温度？每次观察时做记录吗？
- 态度 / 信仰 / 意见。例如：你认为锅炉燃烧效率如何？你认为现在锅炉会发生危险吗？有关锅炉的重要问题是什么？
- 特征。例如：工厂锅炉目前是已检修、未检修还是报废？锅炉平均多长时间检修一次？你参加过检修培训吗？
- 期望。例如：你计划在未来 3 个月内检修锅炉吗？你希望调离烧锅炉岗位吗？你认为本厂锅炉应该更换、维修还是报废？

- 自我分类。例如：你认为自己的工作态度是认真、马虎，还是介于两者中间？你的劳动技能处于工厂的哪一个水平？
- 知识。例如：你认为锅炉压力过大会造成爆炸吗？你知道锅炉的压力极限吗？引起锅炉爆炸的压力是多少？

6.3.4　调查研究中项目组需要掌握的秘诀

秘诀009 了解公司业务知识，要想做好需求调研，起草人员就要了解公司的业务知识。短时间内快速了解公司业务知识是非常重要的。

秘诀010 工作底稿是项目组在调研过程中形成的工作记录及工作中获取的所有文件、会议纪要、谈话记录等资料。项目组应及时、准确、真实、完整地制作工作底稿，工作底稿的质量好坏是判断项目组是否勤勉尽责的重要依据。

秘诀011 项目组应当根据工作底稿内容形成调查报告。调查报告是项目组主要工作成果，调查报告定稿前，项目组一定要花时间，集中精力，全文校对一遍，不留错别字，格式要一致。

秘诀012 项目组及其相关人员应当对调研工作中涉及的国家秘密、商业秘密和个人隐私予以保密，不得向公司内部其他人员和外部泄露相关信息。

秘诀013 项目组应当就制度规范的范围、对象和需要解决的主要问题，确定资料收集的内容。

- 确定规范或解决的主要事项或问题；
- 收集有关法律法规，了解监管规定和要求；
- 收集同业可参考资料，或对同业进行调研，了解同业的相关情况；
- 收集公司内部与该事项相关的现行有效制度，协调现有制度和拟制定制度的关系；
- 收集所属企业关于制度拟定的意见和建议；

- 确定对有关重要问题的规范性意见；
- 论证有关规范性意见的合法合规性、协调性、可操作性、风险可控性。

秘诀014 项目组应当围绕标杆企业的制度，学习、参考、借鉴有关内容。标杆企业是具有行业先进性、示范性和代表性的企业，一般为所在行业或者相近行业排名前五十名的企业。

秘诀015 项目组应该进行实地调研。实地调研是项目组了解和掌握被调查对象的重要方式。项目组可通过现场调研、查看经营管理场所等方式，深入了解被调查对象经营管理情况，并与其他渠道所掌握的资料比较印证，充分客观地揭示问题。无条件进行实地调研的，可采取电话、邮件等方式进行调研，做好记录，以保障调研质量。

秘诀016 项目组应当对前期收集到的相关信息进行审核分析，形成实地调研工作方案。工作方案应包括实地考察地点、调研部门、调研对象、调研时间、调研内容及被调查对象需要配合的事项等。

秘诀017 项目组在调研工作范围，向被调查单位获取相关文件和资料时，应注意以下事项：

- 有效安排项目组团队内关于文件索取的工作分工，避免向被调查单位重复索取；
- 要充分重视被调查单位延误提交调查资料的可能性，做好督促工作，这直接关系到项目组正式进入被调查单位开始调查研究的时间、调查研究工作的效率以及完成调查研究工作的期限；
- 获准进入被调查单位专为项目组开放的档案室后，承办项目组应在尽可能短的时间内分组重新整理调查文件；
- 应遵守被调查单位事先确定的阅卷规则，如果规定不能复印、扫描文件，应尽早开始阅卷并仔细摘抄相关信息，制作工作底稿。

秘诀018 项目组应评估所收集信息的及时性、完整性、可靠性，并在合理范围内核验制度所依据信息的真实性、准确性和一致性。若发现信息存在重大差异或对材料有异议的，应当对有关事项重点调查、复核，请调研对象说明该事项。

6.4 运用的调研方法

项目组调研可以采取审阅资料、实地访谈、实地观察、问卷调查、模拟试验、座谈会等调研方法。

秘诀019 审阅资料法。审阅资料应当围绕制度的主要问题，审查和阅读本公司的档案、文件、制度、合同、表单等现存资料，剔除不真实的部分信息，对管理措施的存在性、健全性和有效性等进行评估。

秘诀020 实地访谈法。实地访谈主要选择具有典型意义的所属企业进行，围绕取得的成果总结经验，或者围绕薄弱环节，分析问题产生的根源，研究问题的解决对策，通过个案分析，总结规律性认识。

秘诀021 实地观察法。实地观察应当在不干涉典型岗位员工的自然状态前提下，系统地对其工作条件、工作方法、工作进度、工作质量、工作态度等进行考察和描述，初步判断管理措施的规范性和有效性。但要消除被观察者的紧张心理，使观察结果反映真实情况。此外，调查者必须挑选几名员工作为样本，并且在不同的时间进行观察，观察结果才较为可靠。

秘诀022 问卷调查法。问卷调查法是调查者运用统一设计的问卷并选定一定数量的调查对象了解情况或征询意见的方法。涉及员工劳动权益等制度的，合规部门可以组织开展问卷调查。调查问卷应当围绕草案涉及的主要措施组织实施。调查问卷的问题应当具有针对性，调查问卷的对象要具有广泛性。

秘诀 023 模拟试验法。试验法是经过特殊安排，适当控制某些条件，使一定的管理现象发生，以揭示其产生原因或规律的方法。模拟试验应当尽可能保证试验条件与真实生产经营条件接近；要坚持对同一情况反复试验，以保证结论的准确性；禁止一切足以造成危险、侮辱人格或者有伤风化的行为。

秘诀 024 座谈会法。召开座谈会时，应当邀请涉及不同利益需求员工群体的代表参加，了解不同利益员工群体的需求，掌握不同员工群体的意见分歧。座谈内容应当包括草案主要制度的必要性和可行性、存在的主要问题、对解决问题的具体建议，以及草案全文的修改意见和建议。

秘诀 025 制作提供资料的清单目录。起草人员对于调研对象提供的资料，要制作文件清单目录，以便核对和存档。

6.5 围绕需求聊天

访谈，顾名思义，是对特定对象进行提问与倾听。访谈开始前，要选择好访谈地点，营造出舒适、轻松的氛围；访谈过程中，要关注被访谈者的情绪，注意肢体语言的使用等，这些会影响访谈是否能够顺利完成。与网络检索信息这种可以不断试错的方式不同的是，与他人交谈时，访谈者只有一次机会，必须提出适当的问题。

6.5.1 设计问题

被访谈者是访谈过程中的信息提供者，说得越多，访谈价值就越大。访谈目的就是要让被访谈者说出自己的需求，这也是方案立足的根本。所以在大多数情况下，访谈者是话题的推动者，需要根据访谈进程调整和拓展问题内容，或者进入下个主题。好的问题可以引出更多的需求线索，不好的问题会给被访谈者带来疑惑，甚至使其产生被冒犯的感觉，导致访谈效率低下。因此，如何设计问题成为访谈成功与否的关键。

秘诀 026 多问开放式问题，少问封闭式问题。前期访谈的目的是希望被访谈者能够充分、自由地表达他们的需求，所以访谈中应该尽量使用开放式问题，让被访谈者能够按照自己的理解和思考进行表达。封闭式问题只会得到“是”或者“不是”的答案，一个问题访谈者用时 30 秒来解释或说明，而被访谈者只是回答一两个字，可以想象，整个访谈过程中，访谈者获得的信息量会少得惊人。此外，被访谈者在回答封闭式问题的时候常常感觉处于被动地位，过多的封闭式问题会让整个访谈变成一种“审讯式”的访谈，被访谈者可能会失去交流兴趣。

秘诀 027 多问具体问题，少问抽象问题。具体问题是询问具体事件，与之对应的是抽象问题，抽象问题需要被访谈者概括和总结答案。例如，“昨天你加工了什么零件”，这是具体问题；“最近你常加工什么零件吗”是抽象问题。抽象问题需要员工加工后陈述，可能导致回答内容偏离事实，如询问“你一般多长时间清洗锅炉一次”，被访谈者可能会根据最近一周、最近一个月或者最近半年的周期进行回忆和整理，其整理有可能受到各种因素的影响，从而回答得不全面。如果询问具体问题，那就是“你最近一次清洗锅炉是什么时候”，这样被访谈者就会回忆最近一次的清洗锅炉时间，准确性会高于抽象问题答案的准确性。

秘诀 028 多问明确问题，少问含糊问题。含糊问题是被访谈者不能准确理解也不能很好回答的问题，这种问题被访谈者回答的自由度会比较大，给出的答案比较发散。例如，“这个方案感觉如何”，这是含糊问题，被访谈者常常给出“还不错”“凑合吧”之类相对含糊的答案。这样的问答能够提供的有效信息量并不多，需要避免。

6.5.2 使用访谈技巧

了解制度的目的是进行设计工作的第一步。要了解设计的目的与缘由并不困难，困难之处在于真正了解对方意图。很多时候设计的目的并非如表面信息一样清楚，甚至调研对象本身对于需求可能只有模糊的概念，即他们不完全清楚自己需要的是什么，要通过“追根究底”式的沟通，找出他们真正的需求和制定制度的真正意图。如何让访谈进行得更深入，下面介绍几种技巧。

秘诀 029 不说话。访谈者可以故意保持沉默，表现出等待被访谈者进一步解释的样子，可能会出现小小的冷场，然后被访谈者可能会继续找一些话题来进一步阐述。沉默的方法主要在访谈初期使用，因为此时被访谈者对所提问题需要回答多长时间没有预期，因此沉默能让其继续回答，并且阐述得更清楚。沉默的方法不能经常使用，否则可能会给被访谈者造成心理压力，影响访谈结果。

秘诀 030 “然后呢”。被访谈者有时会判断自己说的内容是否对题，如果他们认为陈述的内容与问题无关，往往会戛然而止。如果被访谈者的回答突然中断，然而事实上并没有把事情讲完，访谈者可以适时追问“那后来呢”或者“接下来你又做了什么”，引导被访谈者继续陈述。

秘诀 031 “还有吗”。有时，被访谈者回答前没有深入思考，可能会给出一个大概的答案，如“没有了”或者“没时间”。这样的答案非常浅显，理由也比较简单，但并不一定是核心原因。此时访谈者可以通过“还有别的原因吗”“这是一种可能性，还有没有其他的可能性呢”等问题让被访谈者进一步思考，引导被访谈者说出其他原因。

秘诀 032 “为什么”。被访谈者回答重要问题时，访谈者可以不断追问“为什么”，这是访谈中非常典型的方法。不断追问可以让被访谈者思考得更深入，去想一些平时不会深入探究的原因。例如，丰田汽车公司前副社长大野耐一在著作《丰田生产方式》中讲到丰田是如何找问题的。丰田反复问五个“为什么”。比如，机器不动了，就要问：

- “为什么机器停了？”“因为超负荷，保险丝断了。”
- “为什么超负荷呢？”“因为轴承部分的润滑不够。”
- “为什么润滑不够？”“因为润滑泵吸不上油来。”
- “为什么吸不上油来呢？”“因为油泵轴磨损，松动了。”
- “为什么磨损了呢？”“因为没有安装过滤器，混进了铁屑。”

反复追问五个“为什么”，就会发现需要安装过滤器。如果“为什么”没有问到底，换上保险丝或者换上油泵轴就了事，几个月以后还会发生同样的故障。

秘诀 033 “比如说”。当被访谈者给出一个比较抽象、概括的答案时，访谈者可以鼓励被访谈者举例说明。例如，可以问被访谈者“你有什么值得分享的样式吗”，有时被访谈者需要时间捕捉思维碎片、组织语言，所以访谈者要有耐心，多给他们一点时间，同时多给他们一点鼓励，可以说“没关系，任何事情都可以，这没有对错之分”，那么被访谈者在接下来的回答中可能会透露出自己都没意识到的重要线索。

第 7 章　制度结构设计

逻辑，就是人们思考的方式。符合逻辑，是制度设计的基本要求之一，它是说服力的根源，是制度传播效率的保证。制度设计是一个由抽象概念到具体形象化的创造性活动。在这一过程中，要对制度的整体框架有一个大体把握。框架设计涉及复杂的构思过程，仅依靠常识思考完成设计非常困难，必须借助金字塔原理等逻辑思维工具。

7.1　金字塔原理：逻辑框架

写制度就像盖房子，首先要树立一个框架，确定整个制度的方向。制度的框架能够支撑起制度的整体轮廓，使制度具有统一性与整体性。借助内容框架，能够快速了解整篇制度的主旨内涵。其次往框架内填入具体内容。制度的框架是隐藏于制度内部的逻辑，很多制度起草人员由于缺乏经验，创作的制度往往在逻辑框架上漏洞百出。金字塔原理就是专门解决此类问题的。

芭芭拉·明托是哈佛商学院招收的首批女生之一。毕业后，她成功进入麦肯锡公司，成为麦肯锡公司的首位女顾问。她总结出一套用于分析问题的特殊方法：从上往下内容逐渐增多，就像古埃及的金字塔一样，所以该方法被形象地称为“金字塔原理”。搭建金字塔结构的具体做法是：自上而下表达，自下而上思考，纵向总结概括，横向归类分组。借助金字塔原理，人们可以更加清晰地思考，更加准确地表述观点。

在制度设计上，金字塔原理发挥的作用尤为重要。当草案呈现出清晰的金字塔结构时，草案的思路便会由金字塔顶端开始逐渐向下展开，读者能够迅速理解其中的含义。

7.2　让分析疏而不漏的 MECE

框架搭建好后，项目组需要从两个方面来评估它：区别化和完整度，即 MECE 原则。如果框架中的内容是独立且完整的，就意味着方案需要的所有信息都已包含在内。这样的框架会更坚固，内容也更容易被理解和记住。

MECE 原则，意思是“相互独立，完全穷尽”。这一原则应用到逻辑结构的设计中，就是将一个整体划分为若干部分时，实现不重叠、无遗漏的分类。无论这一整体是客观存在的还是只有抽象概念，都必须保证划分后的各部分符合“各部分之间相互独立”“所有部分完全穷尽”的要求。“相互独立”意味着对于整体的划分是在同一维度上的（若划分时切换不同维度将会造成重叠或遗漏），并且有明确区分，不可重叠，即“分清”；“完全穷尽”则意味着对于整体的分解是全面、周密、完整、无遗漏的，即“分净”。

在充分调查研究的基础上，需要对资料进行分析，对制度框架进行设计，要认真思考如下问题：

- 设计目标（为什么要起草这项制度？）
- 影响范围（这项制度应当实施到怎样的范围？为什么？）
- 职责分工（谁与此制度有关？各自应该做什么？）
- 执行程序（应该怎么干？）
- 控制活动（如何确保工作程序按照既定设计开展？）
- 考核奖惩（怎样算干好？干好或者干不好，结果会怎样？）

MECE 分类原则是制度设计中的一个非常好用的工具。当我们在制度设计中遇到复杂问题或者对资料分门别类时，使用 MECE 原则进行梳理，就可以得到一个脉络清晰、角度全面的结果，为解决问题做好准备。

7.3 制作提纲时，应把握整体结构

很多人编写制度前，总认为应该先把要表达的想法一条一条写出来。如果你也这么想的话，那就大错特错。原因在于，急于将自己的思考转化成文字，会导致草案内容偏离方向。所以，首先应该搭建提纲，然后编写草案，这样做比较有效率。

7.3.1 鸟瞰，就能看清整体结构

有句话叫“见木不见林”。编写提纲要先掌握制度的整个结构。编写提纲时，以高出两层职级的视野分析结构，效果刚刚好。也就是说，普通员工设计制度时，要以部门经理的视野考虑制度的整体结构；部门经理设计制度时，要以公司总经理的视野考虑制度的整体结构。例如，部门经理思考人力资源分配的提纲时，不应该只考虑自己的部门，应该站在总经理的角度把本部门与企业放在一起考虑。

7.3.2 提纲的结构布局方式

标题式，用简洁的标题总结概况材料的各部分内容要点，这些标题往往直接成为材料中各部分的小标题或某一段的核心内容。标题式提纲能简单明了地概括材料内容，便于记忆，但在起草制度初稿时，还需要进一步具体化。

提要式，用较完整的句子把材料各部分的内容要点展开，对材料的

内容做粗线条的阐述。这些句子在起草初稿时往往直接写进材料，成为某一层次或段落的中心句。因此，采用提要式提纲实际上就是对材料中心内容的概括，提纲具体明确，起草制度时比较省事。

图表式，用图表形式概况材料各部分的内容要点。这种形式大都同提要式或标题式结合在一起，材料各部分之间的逻辑关系一目了然，更利于起草人员把握思路的来龙去脉。

总之，无论哪种结构布局方式，都要始终围绕主题进行，一级提纲紧扣主题，二级提纲紧扣一级提纲，做到环环相扣。具体到工作中，如果需要与他人合作制定制度，或者需要把任务安排下去，一般要列出比较细致的提纲，至少到二级标题，甚至三级标题，还要标上内容要点，如果有成熟的表述或者段落，也可直接放入提纲，有时还要把一些关键词、资料线索、写作角度以及需要特别标注的内容在提纲中体现出来，这样更便于具体起草工作。

但要注意的是，提纲是过程性的，也是开放性的内容，起草人员不能画地为牢。有了提纲之后，还要听取各方面意见，开展有效互动，进一步思考和深化认识，验证提纲中模糊存疑的内容，校订存在偏差的内容，在此基础上调整和完善提纲，组织材料进行编写。这是持续思考和研究的过程，既要重视提纲，又不能完全依赖提纲，要辩证地看待提纲。

7.3.3　提交上司确认

通常情况下，提纲制作完成后，要提交上司确认：一是确保对方对提纲有足够了解以便做出决策；二是避免上司以信息不足、需要更多的信息等理由拖延决策；三是减少抱着学习的心态搜集资料、并不清楚资料是否能为决策提供必要信息的低效率工作。如果上司看过提纲后表示“这些资料不足以起草制度”，可以请他们在资料的空白处补充相关内容，而不是简单地口头说明，这样便于提纲的补充和完善。

7.4 制度标题的确定要慎重

制度标题直接表述制度内容，反映制度范围，是制度主题的简明概括，也是使用者使用、收集和检索制度的主要依据。单独看某一制度，制度的名称似乎没有问题，但当我们把所有制度纳入制度体系框架时，就会发现，制度的命名缺乏规则。这其中的情况包括：不同的二级企业对某个通用管理制度的称谓五花八门，即使同一家企业、针对相同的事项，在不同的负责人手上的发文称谓也不同。制度命名的规范性、制度发文形式的标准化，从某种程度上恰恰反映了企业管理的专业化程度，因此，企业需要特别关注。

秘诀 034 制度标题的构成要素依次为："制定机构""适用范围""规范事项""制度体例""制度形态"（如需）。

- 制定机构，是制度出台、归属机构的名称；
- 适用范围，是制度适用的对象、群体；
- 规范事项，是制度主要规范的管理事项；
- 制度体例，是制度的体裁、结构；
- 制度形态，指制度"暂行"或"试行"，通常放置在括号中注明，如"（暂行）"。

例如，《震海集团公司项目跟随投资管理办法（试行）》，对应以上要素分解为"震海集团公司＋项目＋跟随投资＋管理办法＋（试行）"。

秘诀 035 制度名称各要素中，制定机构、适用范围在一定情形下可省略，规范事项、制度体例不可省略。在制度归属机构明确且没有歧义的情况下，可不提及制度归属的机构名称。例如，《震海集团公司项目跟随投资管理办法》在一定情况下可省略为《项目跟随投资管理办法》。但是，需要上报监管部门或者行业协会备案的制度，制定机构名称不得省略。如果适用范围为整个机构，则可以省略，如果为机构的局部，则必须在制度名称中加以明确，例如，《震海集团公司南部大区跟随投资实施细则》中的“南部大区”为适用范围，是公司机构的局部，不可省略。除以书名号引用上位规范名称的情形外，制度名称一般不得使用标点符号。

秘诀 036 制度原则上不采用“试行（暂行）”方式，但属于下述情形的制度可采用“试行（暂行）”的方式，并在名称中标注“试行（暂行）”。

- 填补本公司管理空白，缺乏可供借鉴的经验，需通过实践检验、积累经验、逐步完善；
- 规范新业务、新产品或者新流程，需积累经验以便成熟后进一步推广；
- 对现行业务或者经营管理活动可能产生重大影响，需通过实践检验。

秘诀 037 制定制度时应在制度名称后加注制度发布的年份版本号，如《震海集团公司 ×× 业务管理办法（2014 年版）》。制度发布后修改时，制度版本号应调整，调整为“×× 年修改版”。修改制度（包括个别条款的修改、增加、废止等）时，制度主办部门应调整制度版本。

秘诀 038 制度可以采用“试行（暂行）”的方式，正式实施前，在管辖范围内试用或选择试点试用。试行或暂行的制度命名如《远东资信评估有限公司 ×× 业务管理办法（试行，2014 年版）》。制度试行或暂行的期限最长不超过两年。确需超过两年的，应当在制度起草说明中列明理由，并在制度中明确试行（暂行）具体期限。试行（暂行）期届满前，职能部门应评估其实施效果及存续的必要性，发布正式版本或发布废止通知。试行（暂行）期届满仍未发布正式版本或者发布废止通知的，试行（暂行）的制度自行失效。

确因情况紧急需要以通知、意见、批复、会议纪要、转发文件等形式做出临时性制度安排的，应当在一年内转化为正式制度或予以废止。

7.5 设计制度形式结构

制度的“内容”是制度传达的信息，“形式”指提出什么样的标题、怎么安排章节、使用什么样的字词等。阅读制度时，读者通常注意内容，鲜少在意形式，但编写制度者时，必须注意内容和格式。制度格式对编写出容易阅读的制度很重要。一旦弄错格式，即便内容相同制度也会变得不易阅读。想要传达的内容越重要，越应该注重制度格式。根据实际工作需要，经合规部门同意，“规程”“规范”“手册”等制度种类也可以采用标准化形式。在企业中，制度格式有多种类型，如章节型、标准化、作业标准类、流程类和公文类。章节型是企业制度中最为常见的格式，本书主要对章节型进行介绍。

秘诀039 制度的形式结构，一般以章、节、条、款、项、目为具体单位和顺序，将制度内容按照一定的逻辑关系依次排列，特殊情况下可以设编。“条”的数量超过三十条且需划分层次的，可以设章。制度设章时，各章应该有相对独立的内容，并具有一定的内在联系。章内各个条款之间应当具有相对紧密的关联性。每章都应该有能够概括本章内容的标题。章的顺序用汉字数字依次表述。制度条款较少，内容层次简单的，不设章。

秘诀040 同一章、节的条款，同一条款的项、目，应当按照从一般到特殊，从抽象到具体，从共性到个性的顺序排列。

秘诀041 设章的制度中，除附则的章以外，每章应该有三条以上的内容，每章之间应该有内在联系，每章应该有自己的标题，标题应该概括反映本章的主要内容，一般为主谓结构（名词）或者动宾结构（动词）。序号用中文小写数字依次表述（如第一章、第二章、第三章……）。

秘诀042 章的条款较多且有若干组相对独立的内容时，可以设节，节的内容不能超出本章的范围。同一章内的节与节之间应遵循一定的逻辑顺序。每节应有两条以上的内容。每节应有能够概括本节内容的标题。

每章中节的序号独立排序，用汉字数字依次表述。节名应概括反映本节内容，一般为主谓结构（名词）或者动宾结构（动词）。序号用汉字数字依次表述（如第一节、第二节、第三节……）。

第8章　制度内容设计

搭建好框架后，下一步就是设计制度内容。目前，管理学领域主要是针对某个具体的制度或是制度的某个侧面进行分析，缺乏有效的、普遍适用的方法，制度内容的设计往往局限于以往的经验和感性认识。制度的设计过程，就是将实践中积累的先进经验进行分析、比较、选择、综合，是一个总结、提炼、优化的过程。只有这样设计出来的制度，才能获得最佳秩序，人们才能像尊重科学那样尊重它。本章尝试将科学管理理论应用于制度内容的设计。

8.1　泰勒：科学管理的先驱

19世纪80年代，欧美国家为了解决企业生产管理问题进行各种实验，努力把科学技术的最新成果应用于企业生产管理，从而使制度内容设计由经验阶段进入科学管理阶段。在此背景下，美国机械工程师弗雷德里克·泰勒将以往以经验和感觉为依据的漏洞百出的管理，转变为建立在时间研究和动作研究基础上的管理，这也是制度设计定量化的基础，泰勒将其命名为“科学管理方法”。

泰勒先后做了三项著名的管理试验——搬运铁块试验、铁锹试验和金属切削试验。他通过试验认定，必须对工人的作业方法、作业工具、作业条件制定制度，然后强制执行这些制度，便会有效克服工人操作的随意性，并取得显著成效。这些制度是怎样制定出来的呢？它的形成过程是：首先，现场记录工人的操作程序、操作动作及时间消耗；其次，进行分析、简化和优化程序和动作；最后，还要对工人所使用的工具、设备、材料和所处的工作环境条件进行分析，确定最适用（既省力又有效率）的工具、设备、最适用的材料和最合适的工作环境（照明、温度、湿度等）以保证作业效率。如此制定的制度方能成为最佳操作法。

泰勒的追随者吉尔布雷斯夫妇改进了他的方法，提出了“动素”的概念，把人的所有动作归纳成17个动素，对每个动素做了定量研究之后，就可以分析每个作业需要花多少时间。吉尔布雷斯还非常强调制度管理，他认为做任何工作都有一种最好的方法，应该把这些最好的方法统一为一套制度，人人应该遵照执行。如果制度中存在不妥当的地方，可以向上级反映，要求修改，但没有修改以前，仍需遵守，不得自行其是。尤其在建筑业中，因为建筑现场有时远离公司，更要强调制度化管理。他曾提出和拟订了“现场制度”“混凝土制度”“砌砖制度”等。

科学管理理论的出现，使老板不能延续他们作为作坊主或者地主时的习惯——随意指挥与命令，工程师等根据机器本身的自然属性以及运转规律制定制度，适应机器大生产的内在要求。科学管理理论不仅在美国得到发展，而且在德、英、法、瑞士等许多国家得到了广泛的承认。

8.2 所有工作都可以标准化

“标准化”这个词，常给人以官僚、照章行事的刻板印象，甚至带点“不人性化”的意味。这样的想法，只是看到了标准化的表象，把标准作业程序当成一份文件，是写完后就束之高阁的官样文章。实际上，标准化是制度化的最高形式，是一种非常有效的工作方法，透过将作业程序标准化的过程，让工作流程达到稳定，才能够知道究竟是什么得到了改善，又有哪些地方需要被改善。泰勒把“使用工具和工作条件实现标准化”作为科学管理理论的首要原理。后来，他在论述科学管理机制时，进一步强调“使所有专业工具、设备及工人做各种工作时的每一个操作都达到标准化”。

这一点，全世界以麦当劳为典型。选店址，有操作流程；培训员工，有培训流程；甚至打扫厕所，也有手册规定操作流程分几步；制作快餐更是讲流程。比如做汉堡：两片面包、一片牛肉饼、1/8盎司芝士酱、1/3盎司番茄酱；然后三片酸黄瓜、三片鲜黄瓜、20粒洋葱粒……要带走，用包装纸一包，全世界一个味。中国旅行社是最早引入“标准作业”的企业之一。中国旅行社自1931年创办招待所以来，形成了近代规模最大的饭店集团。中国旅行社认为可达到“顾及时间之经济、人力之节省及事务之连贯性。兹后若依此一定次序做去，必能形成熟练而周密之技巧”。以饭店服务质量的重点——客房清洁卫生为例，制定了客房和卫生间两个区域的标准程序。客房清洁操作次序为：打开门窗、撤床、倾倒垃圾、整理床铺、拂扫墙壁、揩扫地毯、扫地、擦拭家具、擦地板、涂地板蜡、洗擦门窗、揩抹玻璃、洗涤茶具、铺平台布、花瓶换水、关窗等16个步骤。卫生间清洁次序为：便桶内外用刷帚及拖拂洗刷干净，倾倒痰盂并内外擦洗，擦去电灯罩及灯泡上附着的灰尘，揩抹门窗内外窗台等处，揩拭喷水器（土耳其浴用）及墙壁护壁瓷砖等，洗擦浴盆肥皂架、坐板钩架，洗擦笼头面盆水管及其他设备，将脚垫踏板及污染之浴巾等取出洗涤曝晒。8个步骤，均与现代饭店客房清洁程序一致，甚至某些方面更细致。

秘诀043 制度的统一原理。制度统一化是制度化的基本形式。制定制度首先要确定统一的对象和范围，如哪些需要在全厂统一，哪些需要在部分车间和部门统一，都需要做出明确规定。制度用词要准确，避免语言模棱两可，标准中涉及的指标，特别是对量、质、期的规定，尽量使用数词，避免含糊不清。

秘诀044 制度的简化原理。简化是岗位作业程序简化，操作简捷，文字简练。克服内容繁杂、文字冗长、语句重复、词意含混的缺陷。由于摒弃了多余动作，简化了相同或相似动作的描述，作业程序更加清晰明了，操作次序和层次更为清楚，动作构成更加合理。简言之，制度简化的原理是，具有同种功能的制度化对象，当其多样性的发展规模超出了必要的范围时，即应消除其中多余的、可替换和低功能的环节，保持其构成部分的精练、合理，使总体功能最佳。

秘诀045 制度的优选原理。制度化活动的结果能否达到取得最佳效益的目标，是由制度工作的质量决定的。“优选”思想始终体现在制度化活动中。制度的优选一般包括以下程序：一是确定目标，从整体出发提出最优化目标及效能准则（即衡量目标的标准）；二是收集资料，收集、整理并提供必要的数据和给定一部分约束条件；三是建立数字模型，在充分了解情况的基础上，找出反映问题本质因素的数学方程和逻辑框图；四是计算，编制程序，通过计算求解，并提出若干可行方案加以比较；五是评价和决策，经过对方案的分析、比较，从中选出最优方案，由执行部门选定。制度的优选方法通常要借助数学方法进行定量分析。例如，麦当劳公司在员工守则中，详细规定了烹饪的温度、时间，食物尺寸、重量等非常具体的事项。

秘诀046 制度的协调原理。协调的目的是使系统的功能达到最优。怎样协调才能使系统最优呢？系统论一般原理认为，系统的性质并非直接来自各个组成部分，而是来自组成整体的各部分的统一体，不只是部分的简单总和。根据这一原理，制度系统的功能取决于标准之间（子系统之间）相互适应的程度。为了达到整体系统功能最佳的目标，必须对各子系统进行协调，使系统中各组成部分或各相关因素之间建立合理的秩序或相对平衡关系。根据上述观点提出协调原理：在制度系统中，只有当各个制度之间的功能彼此协调时，才能实现整体系统功能的最佳。

“缺乏标准，就无从改善”。这是无印良品前社长松井忠三先生的一句话。有一次在无印良品的一家新店开张前，松井先生作为公司 CEO 与其他门店的店长到店检查开店的准备工作。当天一直忙到深夜 12 点也未能完成店面准备，原因是新店长与老店长在店面陈列等多个方面未达成共识。这激发了松井先生要将开店标准统一的决心，他组织制作统一的操作手册， 并命名为 MUJIGRAM。该企业认真听取一线员工的建议，充分吸收一线的智慧，将来自店铺的数以万计的建议分门别类，用时两年完成了一套 13 册约 2000 页的新版 MUJIGRAM。成功编写适用于店铺业务的操作手册后，松井于 2006 年着手编写针对总部业务实施可视化、标准化的业务标准。用时一年完成了按部门分类的 19 册约 700 页的业务标准。通过自下而上的方式完成的操作手册和业务标准，包含了“标准化”的方法。

8.3 “5W1H”带你认清问题

程序分析是对产品生产过程的工序状态进行记录、分析和改善的必要方法。它可以反映工序或作业整体的状态，从而帮助企业有效掌握现有流程的问题，并研究制定改善对策，以提高现有流程效率。最基本的架构就是“5W1H”。

秘诀 047 “5W1H”是美国政治学家拉斯维尔于 1932 年提出的改善方法，后来经过人们的不断运用和总结，逐步形成一套成熟的模式，包括“What（何事）”“Why（何因）”“Where（何地）”“When（何时）”“Who（何人）”“How（何法）”。它被用来检定企业现行分析方法是否合理，以便发现可改善的问题。“5W1H”具体如下所述。

- 做什么（What）：做这项工作的目的何在？有哪些工作要做？为

达到企业的目标或解决问题，真正需要工作的内容是什么？重点是分析工作内容。

- 为什么（Why）：为什么一定要这样做？为什么会有这样的需要？是什么理由？如果不这样做，会对企业产生什么影响？这是探求企业现行办法的必要性的起点，进而可以分析现行办法是否与原来目标相符等。
- 何地做（Where）：这些工作内容在什么地方做最适宜？工作顺序及地位如何？它的前后关联性、协调性如何？“何地做”可指实际的工作地点、顺序、地位等。
- 何时做（When）：是工作时间方面的分析。何时做最好？何时要管制？什么时候要快做？等等。工作时间极为重要，不能不予以关注。
- 何人做（Who）：由谁做最合适？有谁需要？谁会喜欢？谁有关系？谁做得最好？谁做得不好？这是涉及人力方面的各项问题的分析。
- 如何做（How）：如何做最好？什么做法最有效？有没有比这更好的做法？如何贯彻计划方案的精神和目标？例如：在工作简化方面，还经常运用此项分析手段，研究工作环节是不是能剔除，是不是能合并，能不能重排，能不能简化。

该模式，可以根据实际选取不同的关键词组合几套不同的方案。例如：无印良品的操作手册首先会针对各项业务，对每个环节的意义和目的提问，从“什么、为什么、何时、谁”这四个方面阐述。以收银为例：什么（What）——顾客支付的货款，将商品交给顾客；为什么（Why）——收银环节占据店铺 20% 的业务，非常重要；何时（When）——随时；谁做（Who）——所有店员。此外，顾客的满意度，如“这家店真不错啊”“好开心买到了这个东西”等，也是收银环节的意义。

运用“5W1H”的好处是：准确地界定问题和清晰地传达问题，提高工作效率；有效把握事物的本质，便于理解和思考；帮助思考条理化，避免思考问题时出现让人不易察觉的漏洞。

8.4 优化流程的“改善原则”

优化流程，是对现有工作流程的梳理、完善和改进的过程。优化流程不仅指做正确的事，还包括如何正确做事。在进行“5W1H”分析的基础上，可以寻找业务流程的改善方向，构思新的工作方法。为了能切实改善工作，在这里，我们向大家介绍ECRS分析原则（改善四原则）。ECRS分析原则，是取消（Eliminate）、合并（Combine）、重排（Rearrange）、简化（Simplify）。

秘诀048 取消（Eliminate）：重新审视为什么要做这个环节的工作，想想能否省去该环节。有时候部门间缺乏沟通、工作方法上的研究不足可能造成无意义的品质过剩，所以在考虑其他方法前，应该彻底考虑是否有可删去的工作环节。

秘诀049 合并（Combine）：检查是否能将一些工作整合起来集中处理，从而提高效率。比如，在调整时间分配的不平衡中找出能够同时处理的部分，或者情报收集与分类两个步骤通过软件合并处理。这样就能整合工作内容上重复或者交叉的部分，从而节约工作时间，提高工作效率。

秘诀050 重排（Rearrange）：调整工作环节中各个要素的顺序和比重以提高工作效率。比如，如果改变检查的步骤，可能让其他工作的后期调整能大幅度减少。

秘诀051 简化（Simplify）：思考如何将工作单纯化。考虑如何简化工作时，与其做全局的工程分析，不如就把自己的每个环节、每个细节的工作内容进行简化分析，这样更加容易找出可切实改善的方面。

有些学者在 ECRS 分析原则之外还增加了另一个原则，即增加（Increase），意为在现有工序的基础上增加新的工序，以便提高产品质量、增加产品功能，或者为后续工作做准备等。在实际工作中要重复性地运用 ECRSI 原则，不断优化—实践—分析—优化，达到提高生产效率的目的。

8.5　轻松复制行业最佳实践

项目跟投制度最初源于风险投资领域，后来逐渐进入房地产和电子科技等领域，如碧桂园、恒生电子、海康威视等，适用于封闭、周期性、独立性较强的企业项目。项目跟投以收益共享、风险共担的模式体现了市场化的改革方向和思路，成为成长期及成熟期企业积极探索的方向。震海集团决定引入项目跟随投资机制，但如何界定“最佳实践”成了难题。项目组首先选取 “跟投项目范围”这个关键问题对所收集的资料进行研究。

秘诀 052 提出对标目标。对标目标是解决问题的定性要求，它起两个作用：一是为寻求备选方案指明了方向；二是为淘汰和选择备选方案提出了定性标准。截至 2016 年 7 月，中国房地产企业 50 强中，有 45% 的企业实施了项目跟投；100 强的企业中，有 35% 的企业实施了项目跟投。震海集团处于转型期，目前大部分项目的实际利润率偏低，约在 10% 左右。碧桂园实行项目跟投后，企业净资产收益率由 2014 年的 18% 增长到 2019 年的 26%，成效明显。行业对标目标是：在房地产行业增速放缓、利润下滑、投资风险加大的背景下，震海集团通过项目跟投实现利益捆绑，风险共担，明显提升经济效益。

秘诀053 选择标杆企业。标杆企业选取的标准是：一是企业的所有权性质不同，如越秀地产和华侨城是国有企业，碧桂园和金地集团为民营企业；二是标杆企业的规模不同，如碧桂园和金地集团是房地产行业的龙头企业，越秀地产和华侨城属于区域龙头企业；三是项目跟投制度在企业的实践时间不同，保证了标杆企业具有多层次的参考性。另外，最佳实践必须具备能够被证实的跟踪记录，只有具备了这类记录，企业才能够根据自身的情况有效借鉴最佳实践。项目组选取的越秀地产、华侨城、碧桂园和金地集团等四家标杆企业都是上市公司，经营信息公开披露，方便震海集团持续性地收集经营数据。

秘诀054 确定评价标准。标准是目标的具体化，是为保证方案效果而提出来的具体的定性定量指标，一般分为最低标准和最高标准。只有通过可量化的结果才能够判断此种实践是否最佳，因此可量化结果成为最佳实践的衡量标准。项目跟投帮助碧桂园实现了资源的快速周转和资金的充分回笼，从拿地到开盘的时间由6.7个月缩短为4.3个月。项目跟投实施不到两年，碧桂园的现金流回正周期已由10～12个月缩短至8.2个月，年化自有资金收益率由30%提高至65%，资金回款率超过90%。金地集团推行项目跟投后，项目开发周期缩短，2016年销售回款率超过90%。

秘诀055 制定备选方案。制定备选方案的难易程度和工作量与所要解决问题的性质有关：常规性问题可以依靠工作经验拟订备选方案；非常规性问题，需要通过创造性思维拟订备选方案。碧桂园要求集团投资开发的所有房地产项目均采取跟投机制；金地集团规定跟投项目为2016年3月31日后首次开盘的项目；越秀地产将物业开发项目纳入跟投范围，侧重于短平快的项目，如试点的佛山禅城项目；华侨城对跟投项目的范围由原来的纯销售型项目及综合性项目调整为投资开发的新型城镇化项目，且原则上所有投资项目必须实施跟投。

秘诀 056 比较备选方案。比较方案的基本原则：一是坚持把不同的备选方案与所规定的标准进行比较；二是确定的标准可以调整，以保证标准的正确性和即时性。碧桂园和金地集团将所有项目均纳入跟投范围。这种模式有三个方面的作用：第一，保证在项目选择上的公平性，避免区域、部门因对项目挑肥拣瘦而引起资源分配不均；第二，这种方式可解决流程管理源头问题，提升项目决策的科学性，注重提升获取的土地的质量；第三，全部项目采取跟投机制，可以平衡不同区域、项目之间规模增长与风险防范。

最后，项目组认为，将所有项目均纳入跟投范围为房地产行业的“最佳实践”。

8.6 怎样转化外部监管要求

在市场经济中，政府部门出于维护市场经济健康、有序发展的需要，制定了许多强制性的监管要求（适用于企业经营活动的法律、行政法规、部门规章及其他规范性文件、经营规则、自律性组织的行业准则、行为守则和职业操守），这是企业生产经营行为必须遵守的。2019 年，国资委《关于加强中央企业内部控制体系建设与监督工作的实施意见》要求：“全面梳理内控、风险和合规管理相关制度，及时将法律法规等外部监管要求转化为企业内部规章制度，持续完善企业内部管理制度体系。”

秘诀 057 使用法律信息数据库。法律检索是法律工作者必备的基本技能之一，只要从事法律工作，就需要进行法律检索。由于识别企业要遵守的监管要求是转化的前提，在制定制度之前项目组要对所有已颁布的法律法规进行收集和研究，所以必须使用专业的法律信息数据库。法律信息数据库专业信息量大、内容精确可靠、更新及时、检索方便。以目前市场占有率最大的“威科先行”数据库为例，其显示法条的界面以链接的方式提示相关词条涉及国家法律法规、地方法规、法规解读、白皮书、案例与裁判文书、案例报道、仲裁案例、期刊、律所实务、专题参考、专家解读、条款释义等内容，方便使用。

秘诀 058 确认监管要求适用性。项目组对收集到的国家法律法规以及本公司相关制度，充分识别管理事项所对应的监管要求。监管要求是国家法律法规中的强制性和禁止性规定。例如，《中华人民共和国企业国有资产法》第45条规定，未经履行出资人职责的机构同意，国有独资企业、国有独资公司不得向董事、监事、高级管理人员或者其近亲属所有或者实际控制的企业投资。国有企业在制定企业内部投资管理专项制度时，往往会吸收这个禁止性规定。

秘诀 059 监管要求转化原则。制度内容要正确处理企业制度与外部监管要求的关系，应当遵循以下原则：

- 为执行监管要求而制定的制度，根据需要设定条款，不与监管要求结构机械对应；
- 不得整条整款地重复监管要求，也不得通过分解、组合、调整顺序、变换语句等方式变相重复监管要求；
- 监管要求表述篇幅较多的，可以采取援引或参照的办法，使用准用性规范；
- 不得以解释性表述对监管要求的条款、相关定义、适用范围等的内涵进行规定，也不能采取其他表述做出扩大化或缩小化的规定；
- 单个国家法规多个条款涉及制度管理事项的，在全面理解法律制度的前提下，既可以在单个制度中规定，也可以在多个制度中规定；
- 多个国家法规涉及同一管理事项，同类要求的标准存在差异的，应当以较高标准作为制度的规定；

- 多个国家法规涉及同一管理事项，对该事项是否禁止存在异议的，应当以禁止性规定作为制度的规定；
- 国家法规涉及同一管理事项，列举不同处理方式的，可以结合企业实际，选择规定适合的一个或者多个处理方式；
- 国家法规涉及多个管理事项，与企业有关的表述应当转化，与企业无关的表述可以不转化。

第 9 章　制度机制设计

“机制”一词源于希腊文，指机器的构造和工作原理，还可指有机体的构造、功能和相互关系，泛指一般性工作系统的组成及其相互作用的过程和方式，在经济学、社会学、管理学中广泛应用。机制深刻揭示了对象内在本质，还给人们提供了一系列处理事物的方法。任何一家企业都由其自身运作的目的机制决定，因此，新建一个制度，必须以所需建立的机制来构建，不符合机制要求的制度是不科学的制度，不符合机制要求的制度是不能发挥积极作用的。

9.1　运用运筹学设计机制

机制，通常指制度机制，机制属于制度。机制通过制度系统内部组成要素按照一定方式的相互作用实现其特定功能。制度机制运行规则都是人为设定的，具有强烈的社会性，如竞争机制、内控机制、监督机制、激励机制等。现实中，制度与机制两个概念经常被混在一起，实际上，两者既有联系，又有区别：联系是任何机制都必须依靠一个制度来实现，没有制度的机制必然是空洞的；区别是机制只是制度的工作原理或保证系统，机制只是解决人们运行制度的积极性和有效性问题。机制已经被广泛运作，既是人们探索事物目标的依据，又是人们追溯事物本质的依据。管理机制是为实现一个确定的管理目标，基于相关事物或事件的内在运行机理，考虑现实条件的制约，而人为设计出来的涵盖了原则、模式、规范及流程，具备一定能动性的解决方案。

9.1.1　传统管理学如何对待机制

传统管理学的研究方法是将机制看成已知，研究的重点是它能导致什么样的行为结果。对制度起草人员来说，他们把行为结果作为已知，想找到一个管理机制能实现的、既定的管理目标。人们在制度实际运用过程中经常发现一些问题。例如，在向那些标杆企业学习的过程中，尽管采用了它们的管理制度，但很难获得类似的效果。又如，一些制度往往不能得到很好的落实，企业通过修改某些规则克服障碍后，往往又有新问题产生。这些问题在管理学中无法得到很好的解释，而运筹学的观点对理解这个问题有所帮助。

9.1.2　运筹学：好的设计工具

作为一门现代科学，运筹学被普遍认为是从第二次世界大战初期的军事任务开始的。二战期间，运筹学成功解决了许多重要的作战问题（包括防空系统规划、运输船编队、空袭逃避调度、深水炸弹、轰炸机编队等）。运筹学在战争中的成功应用吸引人们开始将其应用于军事以外的领域。运用运筹学的机制设计是科学和艺术的有机统一，它不仅要对症，而且要巧妙。自私和趋利是人的本性，也是设计制度的基本出发点，只有恰当地、巧妙地利用这种本性的力量，才能设计出合理的制度，建立完善的机制，维护良好的秩序，从而推动企业发展。从运筹学角度设计机制，可得到一个最基本的结论：每个人在做出行为选择时，会理性计算在约束条件下的自己的选择是否合理，而每个人都在计算时就无形中在彼此之间出现一种纳什均衡的状态。最终评判一个机制好与坏的标准，就是看这个均衡结果是否是机制设计之初想要的。如果制度实施的结果和预期有出入，应该及时修改和完善制度，使制度运筹的均衡结果逐步接近最初的预期。这也说明制度建设不是一蹴而就的，而是持续改善的过程。

9.2 机制设计的典型例子

运筹学来自现实生活，它既可以高度抽象化地用数学工具来表述，也可以用日常事例来说明，并运用到生活中去。本部分试图通过日常生活中常见的例子介绍运筹学的基本思想及运用。下面几个故事很好地体现了机制背后的运筹学思维。

9.2.1 妈妈给两个孩子分饼

在这种情形下，妈妈是社会计划者。如果她把饼均等地分为两块，分给孩子，那么孩子未必接受，因为每个孩子都认为自己得到的饼比对方小。可以考虑这个机制：一个孩子将饼切成两块，另外一个孩子有机会先选择，他可以选择任何一块，而将另外一块留给对方（切饼者）。在这种情形下，切饼者即孩子甲，将尽可能地把饼切成（他认为）均等的两块，因为任何其他切法都会让他自己得到较小的那一块（这是因为孩子乙将选择较大的一块）。孩子乙很高兴，因为他有机会选择并且选择他认为较大的那块饼。这个机制实现了孩子均分大饼的合意结果，而且每个孩子有理由赞同这个机制。

9.2.2 谁是婴儿的母亲

两个妇女带着一个婴儿拜见国王，每个人都声称自己才是婴儿的母亲。国王的顾问提出了下列机制：将婴儿劈成两半，每个妇女各得一半。听到这，其中一个妇女（真正的母亲）立即请求国王不要分割婴儿。顾问和国王在观察两人的反应之后，立即命令将婴儿归还真正的母亲。这是一个真相诱导机制的例子。

9.2.3 英国的“犯人船”

英国历史学家查理·巴特森写过一本名叫《犯人船》的书，讲述了18 世纪英国政府如何解决犯人运输过程中死亡率过高的问题。18 世纪末期，英国政府决定把犯了罪的英国人统统发配到澳洲去。运送犯人的工作承包给了一些私人船主，英国政府按照上船的犯人数量支付船主费用。当时运送犯人的船只条件十分恶劣。船主为了牟取暴利，上船前尽可能多装犯人，一旦按人头拿到了钱，就对犯人的死活不管不问，结果犯人死亡率高达 12%。于是，英国政府决定按照澳洲上岸的人数给船主计算报酬，难题迎刃而解。犯人死亡率立刻降到了 1% 以下，有些船只经过几个月的航行，犯人死亡率还是零。

9.2.4 分粥的故事

英国历史学家阿克顿曾经讲述了一个分粥故事。分粥效应是哲学家罗尔斯在《正义论》中讨论社会财富时做的一个比喻。罗尔斯把财富比作一锅粥，一群人来分。那如何分呢？罗尔斯罗列了五种分粥法。一是拟定一人负责分粥。很快大家就发现这个人为自己分的粥最多，于是换了人，结果总是负责分粥的人碗里的粥最多最好。二是大家轮流分粥，每人一天。虽然看起来平等，但是每个人在一周中只有一天吃得饱且有剩余，其余六天都饥饿难耐。三是大家选举一位品德尚属上乘的人维持基本公平，但不久他就开始为自己和溜须拍马的人多分粥。四是成立分粥委员会和监督委员会，形成监督和制约。公平基本做到了，可是监督委员会经常提出多种议案，分粥委员会又据理力争，等粥分完，早就凉了。五是每人轮流值日分粥，但是分粥的人最后一个领粥。结果呢？每次七只碗里的粥都是一样多，就像科学仪器量过的一样。从上述例子可以看出，在不改变参与者的属性和数量的前提下，改变参与者的做事规则，也可以改变管理机制的运行效果。

9.2.5 美军订购降落伞的故事

第二次世界大战时期，美军空降兵用的降落伞合格率仅有90%，于是美军相关人员和生产商交涉，经过激烈的谈判，终于生产商把降落伞的合格率提高到了99.9%，但是美军还是不满意，因为这意味着每1000个空降兵当中会有一个人因为伞的质量问题而失去性命。美军又与生产商交涉，生产商不愿意了，他们说，合格率已经达到99.9%，这已经很好了，要达到100%是不可能的。最后，美军想了个办法，他们随机抽取一件降落伞让生产商的负责人自己背上从飞机上跳下去来检验合格率，结果奇迹发生了，自从换了检验方式后，产品合格率直接变成100%，再也没见过不合格产品。

9.2.6 丁谓修复皇宫的故事

北宋真宗时期，皇城失火，宋真宗派大臣丁谓主持修复。当时修复任务相当繁重，既要清理废墟，又要挖土烧砖，还要从外地运来大批建筑材料。要多快好省地完成这一修复任务，需要制定一个最优的施工方案。丁谓分析研究后决定：首先把皇宫前面的大街挖成一条大沟，利用挖出来的土烧砖；然后把京城附近的汴水引入大沟，通过汴水运送建筑材料；皇宫修复后，再把碎砖烂瓦填入沟中，最后修复原来的大街。这个方案取得了“一举三得”的效果：一是通过挖沟省去了从远处运土的麻烦，解决了烧砖的问题；二是陆运改成水运，方便了运输，省工省时省运输费用；三是为工程后期处理垃圾问题创造了条件。该故事体现了运筹学的重要性和实用性。

9.2.7　以弱胜强的田忌赛马

田忌赛马的故事也是一个改变做事机制从而改变结果的例子。田忌与齐威王赛马，约定双方各出上、中、下三个等级的马一匹。如果双方每场都使用同等级的马比赛，齐威王可获全胜。所以，军事家孙膑建议田忌用下等马对付齐威王的上等马，用上等马对付他的中等马，用中等马对付他的下等马。三场比赛结束后，田忌一败两胜。该故事说明：在已有条件下，经过筹划安排，选择一个最好的机制，就会取得最好的效果。

9.3　管理机制的要素

企业管理机制是各部门、各岗位的职责、功能及其相互关系，如关键岗位分离机制、审查和审核机制、审议与审批机制、报告机制、监督机制等。企业管理机制由具备确定性或动态关系的特定要素组成。

9.3.1　职位

职位的合理配置是组织实现效率的一个基本前提，而职位晋升是对参与者的一个重要激励。随着企业的发展，员工自我实现的需求增加，参与者是否能做出符合其职位的行为，对其声誉的影响至关重要。在合理的制度下，参与者的“尽职”行为能够引导机制目标的顺利完成，但是在制度不完善的情况下，很有可能参与者“尽职”但却不利于目标的实现，甚至可能出现“不尽职”的行为却带来良好的声誉。因此，管理机制设计的目的，一方面是促进参与者“尽职”并取得较好的成果，另一方面也要防止“歪打正着”现象的发生。

9.3.2 责任

企业中，责任与职位是相对应的，指对应角色的人员应该承担的任务或义务。在经营活动中，责任是个人对组织的承诺，是对组织目标的分担，表达个人“应该 / 必须做什么”，应该有明确的界定，以利于后期的评价。责任一方面来源于参与者本身所在职位所附带的义务，另一方面来源于参与者本身对组织的认同和其价值观，前者是契约的，后者是情感的。参与者理想的行为原则为前者，但是在实际管理活动中，其行为往往会受到后者的干预和影响，甚至某些情况下，后者成为主导。机制设计应该尽量避免因情感引起的“失责”。但是，情感又是维系企业发展不可缺少的根基，因此，在平衡两者的条件下达成目标，是机制设计的重点。

9.3.3 权力

“组织管理之父”马克斯•韦伯认为，任何组织都必须以某种形式的权力作为基础，没有某种形式的权力，任何组织都不能达成自己的目标。本书所考虑的权力主要是与参与者职位相对应的、为了履行职责所支配资源的能力。合理的管理机制中权力的界定一定是明确的，且对权力有良好的制约，否则，权力与职位的不匹配极有可能导致机制失效。腐败问题就是职位、权力、责任不能良性匹配的表现。

9.3.4 利益

《牛津法律大辞典》对利益的定义为：个人或个人的集团寻求得到满足和保护的权利请求、要求、愿望或需求。管理机制中，各个参与者在一定程度上有着共同的利益，而这些共同利益正是其合作的动力所在，然而根据“理性人”假设，各参与者的利益又存在一定的冲突。在信息不对称的情况下，执行者和监督者有可能串谋争取更大的利益，监督者也有可能提供虚假信息来增加自己的利益、减少执行者的利益。执行者为了阻止监督者反馈给设计者对其不利的信息，就要将一定的利益分配给监督者。

9.3.5 情感

《心理学大辞典》认为，情感是人对客观事物是否满足自己的需要而产生的态度体验。在机制运行过程中，事物之间存在的情感关系在某些时候可能会超出利益和权力的界限。根据科学家的研究：逃离火灾现场后如果发现朋友没有出来时，回返率达到了 68%；当家人没有跟着自己跑出来时，回返率更高，达到了 75%。但是，却少有研究显示人们会为了领导或者利益方而冒着失去生命的危险重返险地。情感还会影响很多决策和行为，这也是很多小企业家倾向于家族企业模式的原因，有了亲情的束缚，关系会更稳固。

9.3.6 时间和空间

管理机制的运行都是有时间限制的，于是对象之间的关系形式最终也会发生改变。最常见的是，随着时间的推移，关系参与者地位发生改变，或参与者之间的关系发生变化。在不同地点运行的管理机制一般会有不同的运行结果，这种差异可能会由不同地域的环境决定，因此，在进行关系模式设计的过程中，可以通过改变空间规制达到影响或者改变关系模式的目的，从而达成管理机制设计的目标。

9.3.7 动力

无论是哪种管理机制，它们都会在一定的约束条件下运行，并且这些运行都需要动力。动力不同，机制运行的效率和结果可能也会不同。

9.4 机制设计的常用方法

企业机制设计是指企业围绕其管理目标，确立各业务单元和员工的职责、权限以及相互间的协作沟通关系，从而提高企业的系统效率。管理机制是管理的内在规律（机理）进行转化和应用的载体，管理机制设计中的常用方法有助于人们在理解和掌握管理机理的基础上进行管理机制设计。

秘诀060 分解法。分解法基于还原论，是管理机制设计中最常用的方法之一，可以有多维度、多层次的分解。例如：可以将总目标逐步细化分级；参与者可首先分解为主体、客体和介质，然后按照更多的分类准则进一步分解，直到分解为基本单元；对于复杂机制的设计，可以将其分解成一个个相对独立、有一定逻辑关系的简单机制，即对机制设计任务进行分解，然后将这些简单机制重新整合为完整的管理机制。有效分解的标准是：分解后，各基本单元的特征明显，遵循一定逻辑，结构清晰；同时还能将所有基本单元集合成分解前的状态。通过分解，能将机制设计的工作细化，找到所有用于机制设计控制的关键因素。

秘诀061 挖掘归纳法。挖掘归纳法指基于实时掌握的信息、数据对事物进行深入分析，并进一步搜集相关信息和数据进行分类分析和处理，找出它们的特征、联系和相互发生作用的深层次关系，进而选取其中有价值的内容来实现管理机制的设计。一般来说，挖掘归纳法和分解法可以结合使用。例如，通过分解法，可以将参与者简单地分为主体、客体和介质，并且通过对主体的深入挖掘，快速掌握不同类型主体的特征并进行归类，具体描述各主体在机制设计体系中的地位，找到符合该类型主体特征的环境因素、能量因素、关系因素等，从而进一步聚类功能、地位相似的主体。另外，在机制有效性分析中进行深入挖掘，有利于探析机制失效背后的深层次原因。

秘诀 062 试错法。试错法是根据以往经验总结出来的若干规则来探索解决问题的方法。将管理机制组件中可能的条件逐一列出，然后对条件逐个测试和筛选，最终找出符合条件的机制。此外，试错法适合数量有限条件的情况，往往与排除法联合使用。在机制设计中，这一方法不一定得到最优解，但机制设计中存在“歪打正着”的情况，因此对于通过试错法设计出的机制，往往需要进行多维度、多角度的有效性分析，甚至尝试多次运行，最终才能确定有效的管理机制。

9.5　震海制药厂设计案例

美国《财富》2020 年世界 500 强显示，我国共有 135 家企业进入 500 强。大型企业变得异常庞大和复杂，已经超越了凭借个人直觉和经验管理、判断的极限。因此，大量基础性、数字化的管理工具是制定制度的依据和支撑。在中国过去 30 多年的企业管理中，大量标杆企业的先进制度无法在相同的条件下还原和复制，究其原因，正是缺乏专门理论、数据和案例的支持。

制度设计中的各种问题需要规划、计划或决策，而运筹学能够帮助我们找出最优的解决方案，企业现在出现的和尚未出现的问题都可以计算出来，所制定的制度才能真正有利于执行。例如，在为集团公司所属震海制药厂制定的生产规程中，需要测算最佳生产规划数据，确保员工在工作时间内有事可做，确保生产设备每天都能得到充分利用，不会闲置，确保生产原料能够被充分利用，转化为相应的产品。只有这样，才能保持最高的生产效率。

9.5.1 如何让效率最高

震海制药厂主要生产甲型和乙型两种药品。整个生产厂只有一条流水线。其中：每小时生产 1 吨甲型药品，需要消耗 3 吨原料；每 2 个小时生产 1 吨乙型药品，需要消耗 4 吨原料。现在，已知震海制药厂每天购进的原料为 20 吨，流水线每天工作 8 个小时。应该如何安排药品加工可使每天的原料都能消耗完，又能维持流水线的工作时间？

9.5.2 分析实际问题

在上述问题中，最理想的生产方案是既保证每天的原料都能使用完，又可以让流水线的工作时间刚好 8 个小时，这样才能维持震海制药厂的高效运转。如果有空闲时间，意味着流水线会闲置。如果有原料没有消耗完，意味着当天原料会浪费。

首先，使用表格简化这个问题：根据题干中两种产品对原料的消耗量，对设备的需要时间，可以得到表 2。

表 2　两种型号药品的生产情形表

	所需原料 / 吨	流水线加工 / 小时
甲型药品	3	1
甲型药品	4	2
每天限制	20	8

其次，找到各个事物之间的关系：对于甲型、乙型两种药品而言，药品的产量与原料的消耗量之间为线性关系；同样，药品的产量与生产线的使用时间也是线性关系，药品产量越高，需要使用生产线的时间越长。

最后，明确问题中的限制条件和目标：既不让工人和生产线在工作时间内空闲，又不能有原料剩余。可以得到两个条件：一是每天工人和生产线的工作时间必须等于 8 个小时，即每天甲型药品使用生产线的时间与乙型药品使用生产线的时间之和等于 8 个小时；二是每天消耗的原料应该等于 20 吨，即每天甲型药品需要的原料与乙型药品需要的原料之和等于 20 吨。

相应地，这个问题的目标就是要找到满足以上两个条件的生产方案。

9.5.3　建立数学模型

首先，根据未知信息设置未知数。在这个问题中，未知信息有两个：一是应该生产多少吨甲型药品；二是应该生产多少吨乙型药品。因此，不妨假设每天生产 X 吨甲型药品，生产 Y 吨乙型药品，即可得到其他重要信息：每天生产甲型药品消耗的原料是 3X 吨，所需的加工时间是 X 小时；每天生产乙型药品消耗的原料是 4Y 吨，所需的加工时间是 2Y 小时。

其次，用数学式表达条件和目标。在这个问题中，根据条件一，即两种药品所用生产线的时间之和等于 8 个小时，得出数学模型中的第一个条件“$X+2Y=8$”；根据条件二，即两种药品所消耗的原料之和等于 20 吨，得出数学模型的第二个条件“$3X+4Y=20$”。对于这个问题的目标，可以发现它与前面的线性规划问题略有不同，这里的目标只是求出满足条件的 X、Y 值即可，不需要考虑目标的最大值。因此，可以将这个目标（求 X、Y 的值）在数学模型中表示出来。

最后，考虑未知数所要满足的基本条件。在这个问题中，两种药品的产量都不能小于 0。因此，可以得到模型中 X 和 Y 的值需要满足以下基本条件：$X，Y \geqslant 0$。

综合起来，得到生产中求最大效率生产方案的数学模型：目标是求 X、Y 值。

条件有四个：X ＋ 2Y=8；3X ＋ 4Y=20；X，Y ≥ 0；X，Y 都是整数。

9.5.4 求解最优方案

在这个问题的数学模型中，两个主要条件都是等式，并且目标直接就是求满足条件的 X 和 Y 的值。其实，这个模型本质上是一个求解方程组的问题。因此，对于这个模型的求解，可以有以下两种方法。

第一种方法：直接求解方程组。

X ＋ 2Y=8

3X ＋ 4Y=20

解方程组可以得到：X=4，Y=2

因此，震海制药厂最佳生产方案是：每天安排加工甲型药品 4 吨，加工乙型药品 2 吨，只有这样才能充分消耗原料且时间刚好 8 个小时。

第二种方法：用图像的方法求解。

可以将这个问题中的条件“X ＋ 2Y=8”和条件“3X ＋ 4Y=20”分别表示成坐标图中的两条直线，如图 1 所示。两条直线交点对应的坐标（4，2）即为问题的最优解决方案：每天安排加工甲型药品 4 吨，乙型药品 2 吨。

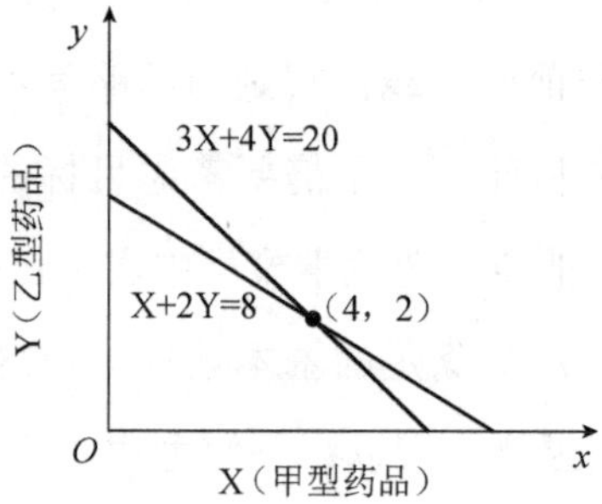

图 1　两种药品的加工情形

第 10 章　制度模块设计

工程化设计方法，其实与“庖丁解牛”非常类似。《庄子·养生主》记载，厨师庖丁因为经常分解全牛，对牛的结构了如指掌，因而在解牛时“不见全牛”且“游刃有余”。其中，最为根本的“功夫”是庖丁非常熟悉牛的各部位的结构。制度也是如此，无论模块或条款多么复杂，都是围绕三大基本模块：总则、分则、附则。认识这三个基本模块后，再审视制度，制度已经不再浑然一体，而是由发挥不同功能的模块组成。

10.1　功能模块的分解和特点

功能性是事物存在独特价值不可替代的特性。本书从功能性角度划分制度模块，制度文本的每个功能模块都有独特价值，不可替代。从广义上来说，能够组成制度内容，相互之间可以组合，实现替换或者变形的信息单元，我们均称为模块。划分功能模块就是将复杂的问题分解成许多容易解决的局部问题。能称为功能模块的部分都具有以下三个特点。

10.1.1　独立性

模块的独立性不仅是模块在功能方面独立，而且在模块设计、编写和修改过程中都能够独立进行。一个制度可以有许多模块，模块之间是连接关系，一个模块的缺失不会影响其他模块的工作，在实际中我们可以根据需要替换和增减模块。

10.1.2 互换性

模块都有其生命周期，同一制度中的不同模块因其具备的功能和所处环境不同，其生命周期也不同。制度的生命周期需要大于所有模块的生命周期，通常需要依赖模块之间的替换来延长制度的生命周期。因此，模块化设计通常要求模块具有互换性，而且模块的互换性也可以增加制度的功能。

10.1.3 灵活性

制度起草需要根据逻辑设计的结果，对应制度的结构、内容、机制列出一个个功能模块。模块的灵活性主要表现在模块是以结构层次存在的，底层称为基础模块，具有不同功能的模块可能有相同的基础模块，因此新制度的设计不再是一整套功能模块的重新设计，可以是已有模块的组合。

10.2 模块标题的设计

制度的各个类型数量一般呈橄榄形分布，即：政策、规则最少；规定、办法最多；规程、规范、手册、实施细则第二多；守则、准则、须知、指引数量较少。规定、办法是制度的典型类型，其他类型的制度都是从中延伸而来的，所以本书主要介绍“规定、办法”的 22 个模块（总则 6 个模块、分则 5 个模块和附则 11 个模块），其他制度类型可以参照。

秘诀 063 规定、办法的模块标题可分为总则、分则、附则，直接套用即可，无须另行拟定。只有分则部分的章标题由数个模块标题组成，构成草案分则部分的内容框架，所以分则部分的模块标题需要细分拟定。

秘诀 064 总则、分则和附则的地位：总则是制度的首要部分，位于制度的开头，是制度统贯全篇的内容，对整部制度起到提纲挈领的作用。分则是制度的主体部分，位于总则后、附则前，一般包括管理对象的权利和义务、具体行为规范、活动范围和相关程序、行为后果等，内容具体、全面。附则是制度的补充部分，位于制度的尾部，是制度的补充性内容。

秘诀 065 制度的内容结构表述方式分为明示式和非明示式：明示式结构的总则、分则和附则存在于设章节的制度中，分则是由不同的章节构成的总括性概念，不标明“分则”二字；非明示式结构的总则、分则和附则存在于不设章节的制度中，总则、分则和附则根据制度规定的具体内容来区分。

制度设编、章、节的，附则不单列为一编或者一章。

秘诀 066 总则依次规定 6 个模块：制定目的和制定依据，适用范围，定义条款，基本原则，主管部门，其他需要在总则规定的内容。

实施细则的总则部分一般不写制定目的和基本原则。

秘诀 067 分则依次规定 5 个模块：管理职责，管理内容，权利与义务，行为结果，其他需要在分则规定的内容。

分则部分的内容应当与总则部分的制定目的、适用范围和基本制度等相协调。

秘诀 068 附则依次规定 11 个模块：名词、术语、一般概念的定义，制定实施细则的授权，参照性条款，除外条款，实施日期，适用范围的补充规定，关于解释权的授权规定，施行日期，过渡性条款，废止条款，其他需要在附则规定的内容。

秘诀 069 小标题的功能：第一，小标题可以帮助读者初步了解每部分或章节或每个条款的内容，好的小标题可以传达给读者足够明确、有分量的信息，让读者在通读全文前对制度的主要内容有一个概括性的了解；第二，小标题把制度分成几个模块，这就是阅读节奏，每个小标题结束的时候给读者思考的机会；第三，小标题说明该部分的主体内容，在明确阅读预期的同时，把是否阅读的选择权交给读者，当读者不想通读全文时，可以根据小标题选择性阅读。

10.3 制度总则模块设计

10.3.1 制定制度的目的和依据

秘诀 070 制定制度的目的和依据的处理。制定制度的目的和依据一般在第一条一并表述，先表述制定制度的目的，再表述制定制度的依据。制定制度的目的表述应当直接、具体、明确，含有多项内容时，按照由直接到间接、具体到抽象、微观到宏观的顺序排列。表述模式可参考：为了……（制定目的），根据……（法律依据），结合公司（子公司）实际，制定本办法（或者规定、规范、规程等，以下举例时为表述方便统称办法）。实施办法的制定目的可直接表述为“为了实施《×× 办法》……制定本细则”。

秘诀 071 制定制度的依据包括法律依据和事实依据。法律依据主要指制定制度所依据的国家法规，其表述方式有三种：一是有直接法律依据的，集团公司制度表述为“……根据《中华人民共和国 ×× 法》的基本原则……制定本办法（或者规定、规则、实施办法）；二是有直接法律依据，同时涉及间接上位法或者有几个直接法律依据的，直接法律依据按照位阶从高到低排列，一般不超过两部，如根据《中华人民共和国 ×× 法》以及有关法律、行政制度的基本原则……制定本办法；三是没有直接法律依据的，表述模式可参考，根据有关法律、法规的基本原则……制定本办法”。

事实依据主要指适用空间内的实际情况，表述时应该“结合实际”。如：为了更加充分地激励震海集团公司项目运营团队的积极性，进一步提升获取土地的质量和项目运营效率，根据《公司法》《证券法》《公司章程》等规定，制定本办法。

10.3.2　适用范围

秘诀 072 制度适用范围在制度中的位置应当置于制度正文的第二条。设章的制度，适用范围应置于总则中。

秘诀 073 制度适用范围的概念。制度适用范围，是制度适用的空间、对象和行为。适用空间是制度适用的区域范围，一般表述为“集团公司”“本公司”等。适用对象是制度调整的特定主体，一般表述为“高级管理人员”“中层干部”“全体员工”。适用行为是制度调整的行为，一般表述为“……工作”“……活动”。

秘诀 074 制度适用范围的表述，一般采用空间、对象和行为的组合方式。表述模式为“……（空间、行为或者空间、对象、行为，句式较长），适用本办法”“凡在 ××（空间）从事 ××（行为）的 ××（对象），均应当遵守本办法”。

制度名称或者定义已经明确适用范围的，或者实施性制度未改变上位法已经明确的适用范围的，一般不对适用范围做专门规定。

秘诀 075 采用前条规定尚不能完整表述制度的适用范围的，采用下列方式表述：适用范围需要排除部分事项的，一般在适用范围后加上“但是，×× 除外”“……不适用本办法”“……法律、制度另有规定的，适用其规定”；适用范围扩大到其他事项的，在适用范围后另款规定，一般表述为“……适用本办法”“××（相同层级制度）对……另有规定的，从其规定”；在适用范围之后，转款规定，表述模式为“……（事项），不适用本办法”。

秘诀 076 对不宜直接纳入制度调整的事项，需要规定参照执行的，可以在适用范围后或者在附则单列一个条款规定，表述为“……参照本办法（或者本办法的有关规定）执行”。

秘诀077 制度适用范围如果要强调管理行为，内容多、句式较长，一般表述为“……适用本规定（或者本办法等）”。内容简洁、句式较短的，一般表述为“本规定（或者本办法等）适用于……”。

- 适用范围扩大的，若适用的组织扩大，可在适用范围后，紧跟着指出“某组织参照本规定（或者本办法等）执行”；
- 管理对象扩大，可以在适用范围一条中另起一款，特别指出“某物、行为或关系，适用本规定（或者本办法等）的有关规定”；
- 适用范围缩小的，若管理对象不明确，可在适用范围后，紧跟着指出“其他制度另有规定的，适用其规定”；
- 事项明确，可在适用范围一条中另起一款，明确指出“某物、行为或关系不适用本办法”。

【案例运用】本办法适用的投资项目为2015年6月30日之后首次开盘的项目。

10.3.3 定义条款

秘诀078 贯穿制度始终的基本概念，在总则中或者制度第一条制定目的和制定依据之后规定；如果规定适用范围的，定义条款在适用范围之后规定。表述模式为“本办法所称××，是（包括）……”。

只在一处使用的概念、术语，可以在该处规定。

秘诀079 概念、术语只涉及某章节的内容时，可以在该章、节的开头、结尾或者有关条款中规定。

秘诀080 涉及多个条款的概念、术语，一般在附则部分规定。表述模式为“本章（本节、本条、前款）所称××，是（包括）……”。

秘诀081 涉及多个条款的专业术语，其定义不宜在分则单个章节规定的，一般在附则中规定。表述模式为“本办法（本章、本节、本条）所

称 ××，是（包括）……”。

一个定义条款中规定多个概念、术语的，应当分项表述。表述模式如下所示。

本办法中下列用语的含义：

1.××，是（包括）……

2.××，是（包括）……

…………

【案例运用】本办法中以下词语除上下文另有所指外，具有以下含义：

（一）总可租售建筑面积：根据政府规划审批结果得出的可用于销售或出租的建筑面积，其中所有车位面积不计入总可租售建筑面积。

（二）拟销售建筑面积：在可租售建筑面积范围内计划用于销售的建筑面积，以最新通过公司产品与经营方案评审会的产品与经营方案为准。

（三）已销售建筑面积：指已签订销售合同的建筑面积，其中已经销售的车位面积不计入已销售建筑面积。

（四）持有物业建筑面积：总可租售建筑面积减去拟销售建筑面积。

（五）销售型项目：拟销售建筑面积占总可租售建筑面积的比例超过 95% 或持有物业建筑面积小于 1 万平方米的项目。

（六）不并表的项目：指未纳入公司合并报表范围内的项目。

（七）项目 IRR：指项目全投资内部投资收益率，由集团投资与运营管理部和集团财务管理部按照无杠杆影响的项目现金流进行具体测算。

秘诀 082 对制度中出现的需要明确的术语和缩略语，应当做定义性解释，可用“内涵＋外延”的形式表述。术语定义必须符合以下四项规则：

- 定义必须是相称的，定义项的外延和被定义项外延必须完全相同，否则就会犯“定义过宽”或“定义过窄”的逻辑错误。判断定义是否相称的标志是看定义项与被定义项是否可以互换；

- 定义项不能直接或间接地包含被定义项，否则会犯“同语反复”或“循环定义”的错误；
- 除被定义项本身是负概念的情况外，定义不能包含否定概念；
- 定义应当使用科学的术语，只能使用已经定义的术语或众所周知的术语来做定义中的定义项，不能使用含糊不清的概念，也不能使用比喻。

【案例运用】项目 IRR：指项目全投资内部投资收益率。

10.3.4 基本原则

秘诀 083 基本原则应当体现制度所调整的管理事项必须遵循的基本指导思想和准则，符合国家的方针、政策，有上位规范依据或者被实践公认。

- 基本原则表述应当简洁、准确，具有高度的概括性和含义的确定性；
- 制度中有关基本原则的内容可以合并为一条表述，也可以分条表述；
- 基本原则有多项的，应当按其内在逻辑顺序，依照重要程度排列；
- 实施细则无须引用上位规范关于基本原则的规定；
- 基本原则可以补充管理漏洞，强化制度的调控能力，便于在特殊情况下灵活处理。

【案例运用】公司项目跟随投资要遵从以下原则：

（一）坚持股东利益、公司利益和员工利益互相平衡，有利于上市公司的可持续发展；

（二）坚持风险与收益相一致，体现共创、共担和共享的价值观；

（三）坚持规范操作、公开透明，遵循相关法律法规的规定。

10.3.5 管理职责

秘诀 084 考虑到公司及子公司管理部门调整的情况和需要，管理部门的称谓要注意虚实结合：

- 公司和子公司的管理部门一起表述，或者表述非特定子公司的管理部门的，可笼统写为某一职能部门，一般使用“××主管部门”，避免因部门名称变化导致制度频繁修改；
- 公司或者子公司管理部门单独表述的，应当实写部门名称。

秘诀 085 职能管理部门的表述，一般按照以下情形表述：

- 涉及一个职能部门或者机构职责的，表述模式为“集团公司××主管部门（机构）负责××工作”；
- 由两个以上部门分别负责管理、实施的，表述模式为“××部门、××部门在各自的职责范围内，依照本办法，分别对××进行管理”；
- 涉及多个职能部门或者机构，需要明确各自职责的，表述模式为“集团公司××主管部门（机构）负责××工作，××主管部门（机构）负责××工作”；
- 制度涉及多个部门，需要明确主管部门或者机构及其职责，但是不必明确其他部门或者机构及其具体职责的，表述模式为“××部门（机构）主管（负责）××工作，其他有关部门（机构）在各自职责范围内负责××工作”。

【案例运用】公司投资部门是本办法的日常管理机构，具有以下职责：

（一）制订公司投资计划；

（二）对拟投资的项目进行经济分析和论证；

（三）对投资全过程进行监督管理。

秘诀 086 制度规定职能部门的职权和责任，应当符合下列规定：

- 设定的职权和责任应当相对应，在确保行政权力有效行使的同时，应当对其进行规范、制约和监督，规定相应责任；

- 上位规范对职权范围已经做出规定，制度需要对其进行细化，不得随意扩大；
- 上位规范对职权范围已经做出明确规定的，制度一般不予引用；确需引用的，应当同时引用相对应的责任条款。

秘诀087 管理职责应置于制度的前部，在制度分章的情况下，置于总则中。管理职责主要包含以下内容：

- 参与本项管理活动的所有上司、部门的职责都应明确规定；
- 规定的各部门职责应与人力资源部门确定的职责相一致；
- 应明确归口部门职责与配合部门职责的关系和接口；
- 每项职责描述应简练、明确，管理职责内容较多的，也可在分则设“管理职责”一章；
- 每项职责在“管理内容”各章节中都应规定如何实施；
- 职责编制应按照主管领导、分管领导、归口部门、相关部门的顺序排列；
- 本部门各项制度规定的职责总和，应覆盖人力资源所规定的部门职责。

10.4 制度分则模块设计

10.4.1 管理内容

秘诀088 本书所称的“管理事项”，是在企业管理活动中，所涉及的经营管理、设计开发与创新管理、质量管理、设备与基础设施管理、人力资源管理、安全管理、职业健康管理、环境管理、信息管理等与制度内容相关联的重复性事物和概念。

秘诀089 对管理事项和具体管理流程的描述应科学合理、逻辑关系清晰，管理要求应具体、明确。属于一个管理内容的事项应在一个条款中表述。

秘诀090 管理内容是管理事项所涉及的全部内容和应达到的要求、采取的措施和方法。本规范中所指的“管理内容”并非该章的推荐标题。内容复杂的管理事项，当条的层次太多时，可根据管理事项特点或类别，分别列出若干章节，分别描述。

秘诀091 同类管理事项应当在同一个章节中表述，逐步列出对工作流程的描述，应明确该项流程各个环节输入、转换、输出的内容，如该业务活动所涉及的部门及人员（包括人员素质及培训规定）、物资（包括环境）、资金、信息（包括文件依据），与活动有关的接口关系及协调措施。

秘诀092 管理内容对管理事项的时间、范围、质量和数量所做的规定，尽可能量化。不能量化的要求应该使用可比较的特性表述，使之在实施、检查与考核中被区别对待。

秘诀093 管理内容可以按照管理事项的逻辑顺序、序时顺序或者重要程度排列，一般按照以下方式表述：

- 由一般到具体、由概括到详细、由总到分、由大到小、由宏观到微观；
- 主体性规定置前，行为性规定置后，主体、行为混合型的，较大的主体和行为置前，较小的主体和行为置后；
- 重点的核心的内容置前，次重的辅助的内容置后；
- 偏重业务审批的内容置前，偏重一般管理行为的置后；
- 有先决条件的规定置前，没有先决条件的规定置后；
- 体制性规定置前，实施性规定置后；
- 原因性规定置前，结果性规定置后，即先对某些事项、行为提出要求，再做出保障性规定。

这些编排的惯例还要结合制度的具体内容考虑，以使布局合理，层次清晰，符合员工的认知心理和思维规律。

秘诀094 本书所称的“工作事项”主要指在执行相应管理事项和企业标准时与工作岗位的职责、岗位人员基本技能、工作内容、要求与方法、检查与考核等有关重复性事物和概念。

秘诀095 工作事项应当围绕质量要求，一般按照以下方式表述：

- 在解释较复杂的工作流程时，应尽量使用图片来直观说明；
- 不应包含不可能做到的内容；
- 应当明确过程中的因果关系，以便员工在问题发生过程中可以采取适当措施；
- 已知的、对质量或者效率无影响的变量的范围或设置，制度中不应当做出规定；
- 不应包括对简单概念、知识、技能和常识的详细描述；
- 书写详细程度应适当，写得太细会导致使用者陷于不必要的细节中，影响文件的可信度；写得太粗则起不到指导作用。

10.4.2 行为后果

秘诀096 行为后果通常集中规定。制度分章的，法律责任的内容一般集中规定在一章，置于“附则”前，章的标题一般可以表述为“奖励与处罚”“奖惩”“检查与考核”“罚则”“责任追究”等。制度不分章的，行为后果的内容在制度的最后部分集中规定。

秘诀097 设定法律责任的违法行为较多的，可以将行为规范和法律责任在同一条款中表述。

秘诀098 应依据管理事项及权利义务的内容设定对管理效果的考核评价方法。考核评价方法的设定应符合以下要求：考核评价方法应科学合理，具有实践操作性，应尽量采用具体的量化标准进行考核；应明确考核评价的责任主体和权限。

秘诀 099 设定行为后果，应当符合下列要求：

- 符合国家法规和管理权限的规定；
- 行为后果与行为规范相对分离，不在同一条款中同时规定；
- 与具体的行为规范相对应，与制度的禁止性条款或者义务性条款相对应，不得只规定行为后果而不规定相应的行为规范；
- 条款设置应当针对具体违规行为，不得笼统地针对制定目的、基本原则等总括性内容规定行为后果；
- 与违规行为的性质、情节和后果相适应；
- 同一制度内部、不同法规之间对性质、情节和后果基本相当的违规行为所规定的行为后果应当基本相当。

秘诀 100 奖励的行为主要是对公司利益有较大或者长远影响的积极行为。设定奖励条款应当明确奖励主体、奖励对象和奖励内容。奖励内容可以分为：通报表扬、记功、记大功、晋级、升职、授予先进工作者、劳动模范等荣誉称号；或者（也可同时）发给奖金。

秘诀 101 制度对奖励有具体规定的，奖励内容与处罚内容放在同章或条内表述。对奖励只有原则规定的，奖励部分应当在总则中表述。制度对奖励条款的表述，可以采取以下方式：

- 原则表述，表述模式为“对 ×× 成绩突出的，给予表彰和物质奖励”；
- 具体表述，表述模式为“对 ×× 成绩突出的，给予表彰，并根据创造 ×× 效益或挽回经济损失的大小，分别给予 ×× 元至 ×× 元的奖励”。

秘诀 102 制度应明确制度执行主体不履行管理规定所产生的违规责任。违规责任的设定应符合以下要求：

- 设定违规责任应明确责任主体、追究责任的主管部门、责任的种类和幅度；
- 责任主体为不特定对象的，可省略对责任主体的表述；
- 违规责任可逐条表述，明确每个违规行为应承担什么责任，也可按照责任内容、违规行为或者追究责任主体归类的方法进行表述。

秘诀103 制度不对民事及刑事责任做出规定，涉及民事及刑事责任的，可以概括表述为“违反本办法的规定，给公司造成损失的，依法承担民事责任”或“违反本办法的规定，构成犯罪的，移交检察（公安）机关，依法追究刑事责任”。

秘诀104 对于违规违纪处分，有关上位规范已经明确规定行为后果的，制度如果在行为规范和行为后果内容上没有细化的，不再重复规定，一般也不使用诸如“违反本办法规定，依照××（上位规范）××（条、款）的规定处罚”等笼统的准用性表述方式。

秘诀105 违规违纪处分包括：通报批评、警告、记过、降级、撤职、解除劳动合同。

秘诀106 员工因违规违纪给公司造成经济损失的，除纪律处分外，还应依据经济损失情况进行经济赔偿：对通过违规违纪行为获得的经济利益，应当责令退赔；对通过违规违纪行为获得的职务、职称、学历、奖励、资格等其他利益，应按规定予以纠正。

秘诀107 制度对员工违规行为追究责任的，应当对其违规行为种类和状态以列项的形式做出具体、明确的规定；必要时，可以对违规行为适用的处分做出具体规定。

处分可以表述为“员工有下列行为之一的，对直接负责的主管人员和其他直接责任人员依据本办法给予处分：

1.……

2.……

…………

n. 有其他玩忽职守、滥用职权、徇私舞弊行为的”。

专门制度对职能部门及其工作人员的违规责任已经做出较为集中规定的，制度不再重复，可以笼统规定为“员工违反本办法规定……玩忽职守、滥用职权、徇私舞弊的，对直接负责的主管人员和其他直接责任人员依据本办法给予处分”。

秘诀 108 制度对违规违纪处分的规定，一般从轻到重表述行政处罚的种类和幅度，通常采取以下方式。

- 条款对应表述是，依次引述制度中设定的违规行为的有关条款序号，然后表述给予的相应处分，如“违反本办法第 × 条（第 × 款）规定的，根据情节轻重，给予……”；
- 行为归纳表述是，直观地引述某种违规行为，然后规定相应的处分种类，如“违反本办法规定，有下列行为之一的：××……（指违规行为的归纳表述或者直接表述），分别给予直接责任人及相关责任人、单位负责人 ×××……”。

10.4.3　引用表述

秘诀 109 制度引用国家法规的条款，应当坚持严谨的态度，注意引用的完整性、准确性和必要性，不能随意拆合、拼凑。

秘诀 110 引用本制度时，表述为“本办法”。

秘诀 111 引用泛指的其他法律、制度时，在法律与制度中间加顿号；引用具体的其他法律、制度时，所引法律、制度的名称用全称并加书名号。

秘诀 112 引用国家法规、制度的具体条款时，应当写明条款序号，表述为“第 × 条”“第 × 条第 × 款”“第 × 条（第 × 款）第 × 项”。

秘诀 113 引用项的序号不加括号，不表述为“第（×）项”；引用两个以上条、款或者项时，表述为“第 × 条、第 × 条”“第 × 条第 × 款、

第 × 款”“第 × 条（第 × 款）第 × 项、第 × 项”；引用三个以上的，对连续的条、款或者项表述为“第 × 条至 × 条”“第 × 条第 × 款至 × 款”“第 × 条第 × 项至 × 项”；对不连续的条、款或者项，列出具体序号，表述为“第 × 条、第 × 条、第 × 条”“第 × 条第 × 款、第 × 款、第 × 款”“第 × 条（第 × 款）第 × 项、第 × 项和第 × 项”。

【案例运用】调动人员仅参与到岗后的新项目投资，已发生的投资按本办法第七章规定退出。

10.5 制度附则模块设计

秘诀 114 制度中某些特定事项只能做原则规定，需要制定者配套文件加以细化的，可以表述为“××，由集团公司另行制定实施细则”。

【案例运用】投资退出管理事项，由集团公司另行制定实施细则。

秘诀 115 过渡性条款，是新设定的法律规范对制度实施前的既存事实和行为的溯及力问题做出过渡性安排的条款。

过渡性条款内容一般包括：对新制度施行（颁布）前相关法律行为、法律关系效力的确定；新制度对某种特殊情形做出的特别生效时间或者依法特别办理的规定；对依据旧制度获得的权利、资格、资质效力的承认或者处理等。

过渡性条款表述为“本办法施行前……（客观存在的某种事实或者行为主体），应当在本办法施行之日起 ××（期限）内，按照本办法（第 × 条第 × 款）的规定，重新……（针对上述事实或者行为做出限制性的规范）”。

过渡性条款一般设置在附则部分制度施行日期条款之前。但是，只涉及某章节或者某条款的，过渡性条款可以设置在相应的章节或者条款中。

秘诀116 制度涉及相关制度的适用问题时，一般采用具体列举的方式；难以全部列举的，在具体列举之后，再概括表述。制度适用关系条款的表述应当遵循以下规定：

- 具体指明适用某部制度的，表述模式为“适用《×× 办法》的规定”，为了避免制度修改以后可能出现的条款不对应问题，一般不出现具体条款的序号；
- 概括适用其他制度的，表述模式为“……适用《×× 办法》和其他制度有关规定”；
- 优先适用其他制度的，表述模式为“……其他制度另有规定的，适用其规定”；
- 优先适用本制度的，表述模式为“本办法与《×× 办法》规定不一致的，适用本办法”。

秘诀117 制度由其规定的管理部门或者执行部门负责解释，除确有必要外，制度不再专门表述。制度不就具体应用问题的解释做出规定，表述模式为“本办法由 ×× 负责解释”。

【案例运用】本办法自发布后生效，由集团投资部门负责解释。

秘诀118 制度规范的事项需要准备期的，可以自规定之日起施行。但是，遇有制度规范的事项较为紧迫、无须准备期等特殊情况的，可以将施行日期确定为制度的公布之日，表述为“本办法自公布之日起施行”。修改的制度应当按照前款规定，重新确定施行日期。

秘诀119 制度可以包括附件。附件是具有对正文的补充性、解释性、参考性、指示性的图、表、文本等，置于正文之后。一般只有在管理内容较多，正文编写或阅读不方便时才编写附件。附件与正文具有同等效力。

制度正文中首次出现第一个附件时，需在该附件名称后标注“（见附件 1）”，首次出现第二个附件时则标注“（见附件 2）”，依此类推。

附件清单中的附件名称及顺序应与正文中提及的附件的名称及顺序一一对应。

如：

附件：1．××（附件名称）

2．××（附件名称）

第 11 章　制度条款设计

条款是制度内容的表述方式，是对管理各方权利义务的表述，表述水平影响制度的质量，并影响着制度的阅读、理解和执行。长期以来，对于制度的研究属于公文学范畴，这使制度本身的客观规律处于附属地位，影响了制度条款以管理为目的的专有表述。本章将系统介绍从实际工作中发现和总结的实践检验，理解了这些表述原理，大家就可以自信地设计各种条款。

11.1　制度条款表述形式

章节型条款是企业制度中最为常见的一种表述形式。章节型是以分章列条式为正文结构的，对较复杂、较多层次、内容较丰富的制度、规范进行系统、全面概述的表述。根据实际工作需要，经合规部门同意，“规程”“规范”“手册”等制度种类也可以采用标准化形式。通过标准化体系认证的企业都乐于采用标准化编写方式，将管理文件区分为管理标准和工作标准，以便直接与标准化体系接轨。

以标准化形式编写制度条款，优点是十分明显的：第一，制度条款与标准化完美结合，避免了管理制度与标准体系文件“两层皮”的局面，使管理文件整齐划一；第二，无论是管理标准还是工作标准，都具有统一的格式、规范的表述语言，因此整个体系的整体性非常强；第三，每一条条款都会列举与其相关的或其引用的标准，因此查找起来非常方便。

但标准化形式的缺点同样突出：以这种方式编写的制度，任何规定往往只规范一个细节问题，很难在一个条款内同时表达，通常分别组合于不同的条款中。因此，文件量庞大，令人有“只见树木不见森林”的感觉，难以看清全貌。同时，众多的相互引用也使人很难读懂某个具体问题，检索和使用非常不便。

秘诀120 每个条款的内容应当具有相对的独立性和完整性，每条只规定一项内容。上下条款之间应当有一定的联系。条款的顺序用汉字数字依次表述（例如：第一条、第二条、第三条……）。

秘诀121 条的内容包含两层以上相互关联的意思时可以分款。每一款应当只表述一层意思。每条一般不超过四款。款在条中以自然段的形式排列。

秘诀122 款的内容需要细化或者列举时可以设项。每一项的内容包含一类或者一种情形，所设的项数不得少于三项。各项之间应当遵循一定的逻辑关系。项的顺序用汉字数字加圆括号依次表述［例如：（一）（二）（三）……］。

秘诀123 项中的内容需要细分时可以设目。每一目的内容包含一类或者一种情形。目的顺序用阿拉伯数字加圆点依次表述。（例如：1.2.3.……）。

秘诀124 一句话不超过40字。逐条编写，要比常规文章更加言简意赅，这也是它的价值所在。如果一句话超过40字，会给读者的阅读带来负担，所以，条款一定要“惜字如金”。

秘诀125 条款的排序不是随意的，应该按照规则来。按照规则排列的条款，能赋予逐条编写的内容以更加明确的意义，更利于读者理解制度的意图。条款的排序，一般要遵循以下三条规则：

- 重要性，主要是金额的多少、影响的大小、读者的关注点等内容，即对管理重要的条款在前，并按条款重要程度决定条款排列时的先后顺序；

- 按照时间的先后排序。首先假设制度中规定的所有情况均会发生，然后将条款按情况发生或履行义务的先后顺序、因果关系排序；
- 按种类排序，即按照内容的不同来排序。按照种类对条款排序后，通常还会对同种类的条款按照重要性或时间顺序进行二次排序。

任何制度中的条款排列顺序都是这三种规则的混合使用。那些履行的顺序性明显的制度大多将主要条款按发生的时间顺序排序。

秘诀 126 美国心理学家研究，当一次性听到很多事情时，人们能记住并同时处理的是七个（正负 2）。我们就把这叫作“魔法数字七与正负偏差”。“正负偏差”意味着存在个体差异，有人的极限值可能是五，也有人可能是八，大多数人无法一次性处理七个以上的信息。如果数目超过了七，就很难一次性得到正确的认知。所以，设计条款时，建议大家把项控制在七项以内。这样一来，读者读起来没有负担，也更容易记忆。

11.2　条款序号的安排

制度条款的序号直接影响着阅读的效率和便利性。如果讨论制度时必须用“制度第 × 页、从上面往下数第 × 段、里面的第 × 行”之类的语言描述，编写和阅读效率低。为制度条款编排序号，是对制度条款秩序的固化，也是表述上的方便。

秘诀 127 国家法规所采用的编排方式，从大到小的顺序是：章、节、条、款、项。“款、项”列在“条”下而不带序号，“章”之上有时还设有“编”或“总则”“分则”。这种编排方式中，最主要的条款单位是以“第 × 条”为典型表述方式的“条”。目前，央企及金融机构一般采用这种编排方式。特点是庄重、沉稳、表述方便，只要看制度的最后一条的序号就可以知道该制度一共有多少条。这类编排方式最大的缺点在于：修改过程中增加或删除一条内容，后面所有条款的序号都要调整，操作不方便。

秘诀 128 依据《标准化编写指南》（GB/T1.1—2000）规定，标准应按其内容结构分成若干个层次进行编号，层次的编号采用阿拉伯数字，每两个层次之间加圆点，圆点写在数字的右下角，如 1.1、2.1、3.2.1 等。标准一般分四个层次，必要时可增添或减少。第一层次称为“章”，“章”是标准内容的基本划分单元，其编号应自始至终连续。第二层次以下统称为“条”，“条”的编号只在该“条”所属章或条的范围内连续。采用这类方式编排，制度引述方便而且层次结构、条款归属分明。目前，实体企业较多采用这种编排方法。这样的编排比传统的中文编排方式更便于操作，一旦某个序号需要调整不必全文修改一遍。但这种编排方式也有缺点，那就是无法一目了然地知道全文共有多少个条款。

11.3 最佳实践的表述

什么是最佳实践？那些已经在别处产生显著效果并且能够适用于此处的优秀实践。我们可以用一个熟悉的情景，来直观地认识最佳实践。有一个跨地区的制造型企业，需要维护大量的计算机硬件和软件。每位进入公司的员工，都将被分配一台专用电脑并安装需要的软件，同时获得访问相应信息的权限。这个过程是固定的，而且是经常重复的。所以我们在实践中不断探索和总结，希望找到更好更快的流程来完成这项工作。设计的流程是：员工首先填写申请软硬件的表单；其次部门经理和 IT 经理根据公司规章批准这些申请；再次 IT 工程师根据表单内容配置电脑并安装软件；最后新进员工接受 IT 培训，了解公司的 IT 政策。我们将整个流程以文档和流程图的形式记录下，并将每个步骤详细记录成检查表，这样任何一个工程师都能依据这个流程为用户提供完整的和高质量的服务。可见，最佳实践将大大提高工作效率，减少作业成本。

法律是追求既定范围内的最低要求。要理解最低要求，首先要对最低要求做出解释。开车要看红绿灯，过马路要走人行道，这就是我们日常生活中所接触到的最低要求。制度与法律不同，制度追求的是既定范围内的最佳实践标准。制度条款怎么表述最佳实践标准呢？法律条款与制度条款类型都是通用的，但是两者条款类型使用侧重点不同。法律条款表达的是既定范围内的最低要求，所以条款类型侧重使用陈述型条款、要求型条款、禁止型条款。制度条款更多表达的是既定范围内的最佳实践标准，所以侧重使用推荐型条款、授权型条款、引用型条款等。

秘诀 129 陈述型条款在制度中仅用来提供信息，不作为任何要求和建议。陈述型条款用以下几种形式表达：

- 利用一般陈述句提供信息，如“容水率是最终总容量（水和被检渗透材料在浑浊和黏稠出现之时）中添加水的百分率”，便于理解；
- 利用助动词“可”或“不必”，表示在标准的界限内允许的行为或行动步骤，如“根据不同的操作，可选用下列检测设备”，或“为减少干燥时间，可慢慢地在其上面局部区域加热，或用暖空气吹”，只是说明标准实施者被允许的行为，没有包含要求或建议包含要求；
- 利用助动词“能”或“不能”，表示能力和可能性，如“按制造商的推荐，显像剂的施加能用喷雾、静电喷射或浸没等方法”，只说明所具有的能力，没有必须要做到或建议做到的意思。

秘诀 130 要求型条款在制度中表示符合制度时需要遵守的要求，并且不允许有差异。要求型条款用以下几种形式表达：

- 利用祈使句直接表示指示，如“关上不透光的封盖”，命令标准实施者必须完成的行为或行动步骤，并且不允许打折扣；
- 利用助动词“应当”或“不应当”，表示必须满足的准则，如“应按制造商提供的使用说明书来使用渗透检测材料和设备”；

- 表示必须满足的能力，如“容水率应当大于5%”；
- 利用助动词“要”或“不要”，表示必须满足的目标或者结果，如各部门负责人要随时接待员工投诉。

秘诀131 “应当”与“必须”。表述条款时，两者含义没有实质区别。参照全国人大常委会法制工作委员会《立法技术规范（试行）（一）》，一般用“应当”，不用“必须”。规定某项在任何情况下都要履行的义务，且设定明确责任的，或者国家法规对该义务的表述用“必须”的，制度可以使用“必须”予以强调。

秘诀132 禁止型条款是限制或者禁止管理对象实施某种行为的规定，用“不得”“禁止”的句式。“不得”一般用于有主语或者有明确被规范对象的句子中，表述为“×× 不得……”；“禁止”一般用于无主语的祈使句中，限制普遍性的行为，表述为“禁止……”。

禁止型条款表述制度时，不再用“不准”“不应”“不能”“严禁”等与“不得”“禁止”相近的词语。

秘诀133 推荐型条款介于陈述型条款与强制型条款之间，是鼓励、提倡管理对象为或者不为某种行为的规定。既不是强烈的“要求”，也不是一般的“陈述”，可利用助动词“宜”或“不宜”来表达：

- 在几种可能性中推荐的、特别适合的一种，不提及也不排除其他的可能性，如“宜选择适宜于渗透检测技术的设备”，或“环形试块经防锈处理后，每件宜单独用硬盒包装，防止试块生锈和损伤”；
- 某个行动步骤是首选的，但未必是要求的，如“下列之一情况时，宜进行型式检验”；
- 不赞成，但也不禁止某种可能性或行动步骤（使用否定形式），如“在检验期间，不宜改变试块上的照明水平”。

秘诀 134 授权型条款是授予管理对象可以选择为或者不为某种行为的规定。一般表述为“×× 可以……”，或根据不同情况表述为“×× 有权……”“×× 享有……的权利”。可以表示对工作条件客观情况允许与否。例如，会议由董事会秘书召开并主持，董事会秘书因故缺席，可由董事长指定人员召开并主持。

秘诀 135 引用型条款。对于同一事项或相似情形其他制度已有明确规定的，可以直接规定“适用《××××》第×条的规定”或“参照《××××》执行”。这样即避免了内容重复，又加强了制度之间的联系，彰显了制度体系的科学、严谨。如需引用，应尽可能提及核心内容，以保证阅读的延续性。在制度中引述其他条款有不同方式，类似于“违反本制度第十条约定的”的表述方式会迫使读者查阅相关内容，读者的注意力在不同条款间频繁转换，影响思路连续性，应当尽量避免使用这种表述方式。例如，将前一语句表述为“违反本制度第十条关于知识产权的规定的”，既注明了相应条款序号，又提及了主题内容，阅读者不看第十条内容也知其主题，可以正常阅读。

11.4　提高条款表述效率

表述效率是在文字量相同的前提下表述内容中所包含的信息数量。表述效率高意味着用更少的文字量表述相同的信息量，或用相同的文字量表述更多的内容。阅读是一项需要注意力高度集中甚至精神高度紧张的脑力劳动，因而在权利义务表达清楚、不增加阅读难度的前提下，制度文字量越少越好。当难以舍弃某些内容时，可以用“等值替换”等方式精简文字、提高表述效率。这需要平衡精简内容与管理安全间的关系，在不影响制度质量的前提下表述得言简意赅，而不是简单地删除句子成分。简洁易于理解和执行，却难于设计。

秘诀136 变换列举方式。列举可以正向也可以逆向，不同的列举方式有着不同的文字量。正向列举比较直观，直接罗列所想到的某一条款的权利义务事项，是最为常见的列举方式；逆向列举是以排除法罗列需要排除的事项，未被列举的事项才是需要确定的权利义务或前提，一般需要考虑更多的问题。正向列举简单易行且直观明了，逆向列举多用于正向列举事项较多的情形。

秘诀137 概括代替列举。列举条款事项的方式虽然直观明了但会占用较大篇幅，在没有篇幅限制时可以采用列举方式。但为了避免简单列举可能产生的遗漏，有时可以通过抽象的定性概括来补充。如果具体列举的事项已经包含于抽象概括的权利义务中，完全可以用概括代替列举，以此提高表述效率。

秘诀138 减少低效重复。制度条款中的提法重复在所难免。如果某提法是冗长词组或语句，就会出现低效率重复。这种低效率重复并不具备特别的法律意义或实用价值，只是为了避免因措辞不统一而造成的混乱或不同理解。对于这种情形，可以用简单的方法定义一个关键词，其他条款只要引用这一关键词就可以避免低效率重复。但这个定义出来的关键词在制度中必须是特有的或其他专用的措辞，以免造成新的混乱。

秘诀139 使用简洁句式。使用简洁句式可以压缩整句的文字量，积少成多就可缩短制度篇幅。这一方法尤其适合消费类制度或表单，因为这类制度或表单需要尽可能少的文字量，但有价值的约定又必不可少，因此只有最具价值的文字才能被保留，以最少的文字界定关键的权利义务，逐字逐句压缩篇幅。

秘诀140 共用句子成分。当句子中重复出现多个相同的主语或其他内容相同的句子成分时，可以共用一个主语或共用一个句子成分，避免主语或其他句子成分的无谓重复。就语言习惯而言，反复出现的相同的主语或其他句子成分如果不是为了强调或其他目的，则属于较为初级的表述方式，读起来非常乏味。

秘诀 141 将细节问题列入附件。某些制度对标的物的细节及履行义务的程序有特别细致的要求，往往占据很长篇幅，如果全部纳入正文就会喧宾夺主，而正文也显得杂乱无章。例如，涉及制度操作性规定、考核指标等内容，为更清晰地表述部门、岗位职责、考核方案或操作流程，这类细节问题应当写入制度附件中，以减少正文的文字量。

11.5　条款表述辅助工具

制度的条款可以采取示例、图、表、公式等辅助表述形式。其作用直观、形象、简洁。

秘诀 142 示例是使用解释性或说明性的文字描述具体例子。为了避免因示例占用篇幅过多而影响条款的连贯性，示例原则上不超过三个。示例编号由“示例＋阿拉伯数字”组成，如“示例 1”“示例 2”等。如果需要更多的示例，示例可编入附件，并在条款中说明。

秘诀 143 在对管理事项进行空间描述时，附件中可以使用图，并在条款中说明。图应有编号，图的编号由“图＋阿拉伯数字”组成，如“图 1”“图 2”等。只有一幅图时，应标为“图 1”。图应设图题，并置于图的编号后。图的编号和图题应置于图下方居中位置。

秘诀 144 在管理事项中对大量数据进行描述或者对比时，附件可以使用表，并在条款中说明。表应有编号，表的编号由“表＋阿拉伯数字”组成，如“表 1”“表 2”等。只有一个表时仍标为“表 1”。表应设表题，并置于表的编号后。表的编号和表题应置于表上方居中位置。如果表需要转页，在随后的页上应重复表的编号。编号后跟“续”字，续表应重复表头。

秘诀145 条款中的公式应另起一行居中编排。较长的公式尽可能在“=”“+”“-”“×”“÷”“/”“*”等处回行。条款中的公式应居中。如果制度中有多个公式，为了方便引用，可在公式后面以带圆括号的阿拉伯数字顺序编号。

秘诀146 为了便于审查和理解条款，制度草案应当在条的序号之后加注条标。制度正式下发时，应当删去条标。条标的作用在于指明该条所规定的内容，相当于条的名称。条标必须明确、单一，如果不能用最简明的词语概括条标，就说明条款内容可能含混、杂糅，必须拆分出多条条款。

第 12 章　制度语言设计

制度中的语言运用涉及六个层次，分别是词素、词、词组、句子、句群、篇章。相对而言，词素、词和词组是静态的，有稳定的语法规则，比较固定；句子、句群和篇章是动态的，除句子有相对稳定的语法规则外，句群和篇章没有固定的模式。

12.1　总体性要求

如果一份制度被广泛阅读，那么它必须满足读者的某些期望。制度主要用于管理工作，帮助企业实现科学有效的管理，指导工作行为，帮助员工适应工作。制度属于应用文体，语言上无须别出心裁，而应尽可能地统一、明确、简练、易读，方便员工理解和执行。

12.1.1　统一性

在每项制度或系列制度（或一项制度的不同部分）内，制度文体和术语应保持一致，同一个概念应使用同一个术语。已定义的概念避免使用同义词，每个选用的术语应该只有唯一的含义。

12.1.2　明确性

明确是以一般人能了解为限，不致出现对制度理解模糊的情形。具体要求是：严格按照事物的本来面目表达制度的内容，切忌语言模棱两可，避免不同的人从不同的角度对制度内容产生不同的理解；避免使用模糊词语，对于能够量化的的内容，如限额、数额、期限等，必须使用具体的数字予以量化，避免使用“约”“近”“左右”等词语。

12.1.3 简练性

条款中能够归纳概括的内容，在不影响定义概念和适用范围的前提下，应使用最少的文字表达，避免冗长。具体要求是：避免不必要的修饰词，能用一个词概括内容的，就不多用一个词；减少不必要的重复，一般情况从一个角度表述即可，不必变换角度另行规定；避免同一个词语在句中重复出现，以及同义词在句中反复出现。

12.1.4 易读性

易读性指的是“由写作方式导致的了解或理解的难易程度”。制度的易读性有利于制度内容的快速传播，制度语言要符合员工的使用习惯与需求，员工在阅读和理解制度过程中不会对制度产生阅读或理解障碍，无须专业人员的解释、连环查阅相关文件、复杂的推理计算，阅读体验是顺畅的。

秘诀147 合理使用古汉语是制度表述所需要的，使用凝重典雅的语体能够表达庄重严肃的感情色彩。例如：“无正当理由逾期不归超过三个月者，按自动离职处理”。句中的“逾”（越过，超过）、“者”（表示对象或有关称谓）如果换成了“超过规定时间”和“……的人/员工/工作人员”会减弱句子的庄重性，降低语势。

秘诀148 外来语对制度用语的表达会有一定的影响，有的可能不符合汉语日常语言习惯，但沿用已久，也成了固定格式。例如，许多企业制度名称都是倒装句式，如《财务管理办法》《设备操作办法》，都是宾语在前，谓语在后，宾语提前有强调的意思。

秘诀 149 在特定语境中，模糊词语在表述制度内容的时候，具有更大的概括性和灵活性。适当使用模糊语言可以弹性地实现制度语言的准确，用有限的词语描绘工作中可能发生的各类情况，使表达更加准确严谨。制度中用于表示范围的模糊词语主要有“其他”“以上”“以下”“有关”等。例如：公司董事因病或者其他特殊原因不能出席会议的，应当向董事会秘书书面请假。“其他”作为一个表示范围的模糊词语，位于名词“原因”之前，具有一定的概括性，在这条规定中表示没有必要或者没有办法确定具体范围的相关“原因”。“其他”在保证制度用语准确性的同时，还保证了语言的严谨性，使相关“原因”无所不包，既准确突出了辞职的原因，又避免原因涵盖不全。例中的“其他”概括超出常态的“特殊原因”，更加严谨地对这类请假原因进行了限制，这一点是精确词语所不及的。

12.2　实词的使用

实词是汉语中意义比较具体的词，能单独表示人或事物的名称、时空、动作、行为、变化、性状、数量等概念，能单独充当句子成分，能独立成词。虽然词性各有不同，但实词大多具备实在意义，往往还有一词多义、词性活用等特征。制度作为调整管理关系的规范，需要大量使用实词，主要包括名词、动词、形容词、数词、量词和代词六类。

12.2.1　名词的使用

名词是表示人、事物、地点或抽象概念的名称。由于制度需要强调权利义务的明确性，因此通常使用词义明晰或界限清楚的名词。

秘诀 150 “情形”“行为”的区别：“情形”用于状态表述，如“有下列情形之一的”，然后列举若干状况；“行为”用于动态表述，如“有下列行为之一的”，然后列举若干行为活动。如果表述内容既有“状态”，又有“动态”的，统一选用“情形”。

秘诀151 制度引用组织机构名称、部门名称、法规名称等时，应当使用其全称。组织机构、部门、法规等名称过长，并且两次以上引用同一名称的，可以使用其简称，即在正文首次出现名称全称之后以括号形式注明简称。简称应当贯穿制度的始终，全称和简称不得交叉使用，避免出现指代不明、互相矛盾的现象。

12.2.2 动词的使用

汉语词汇中，表述人或事物的动作、存在、变化的词是动词。在制度中，动词主要用于描述行为，设定权利义务，描述主语所发出的动作。制度作为管理员工行为的规范，动词在制度条款中的使用十分普遍和重要。例如，美国工程师吉尔布雷斯首次按人体活动的特点，把以手部为中心的作业（包括眼睛的动作）细分为17个动作，他把这些动作称为“动作要素”。

秘诀152 动词可增强句子的语势，符合制度中传达企业意志、进行科学管理的要求，突出强调功能。

秘诀153 “等”的用法。“等”表示列举的主体、事项、行为未尽，在列举之后用“等”做结尾。一般情况下，制度应当明示规范的主体、事项、行为，但有时的确存在难以列举穷尽的情况，只要不引起歧义，就可以用“等”。按照汉语规范和习惯，列举至少要罗列三个以上对象，如果言犹未尽才用“等”。

12.2.3 代词的用法

代词是代替名词、动词、形容词、数量词等的词，包括：疑问代词，

“谁”“什么”“哪里”等；人称代词，“你”“他”“他们”等；指示代词，“这里”“这样”“这么”等。制度中，人称代词和指示代词使用较多，疑问代词通常用在个别情况下。一般来说，代词可以简化条款的表述，但是条款中应当尽量避免使用代词，尤其是一个条款中最好不要使用多个不同的代词，避免指代含糊或混乱。

秘诀 154 无论是指人还是指物，均用“其他”，不用“其它”。制度中不使用表明性别的人称代词（她、他）和物主代词（他的、她的）。

12.2.4 数量词的用法

制度的表述应该精确，避免使用模糊词语，往往使用大量的数量词，这些数量词与名词构成名词性词组。这些词组在制度中可作为各种语法成分出现，定量说明事物的特性、功能和范围。

秘诀 155 制度中常用数词的用法如下所述。

- 制度的题注和正文中的日期，均使用阿拉伯数字，年份不得简写；
- 董事会的届次和会议次数，序数词、比例、分数、百分比、倍数、时限、期间、年龄、人数、金额、罚款数额以及表示重量、长度、面积、体积等计量数值的数字，具体时间点的，节日和其他意义的词，一般用汉字数字表示；
- 制度条款中“目”的序号、统计表中的数字、需要精确到小数点后的数字，均用阿拉伯数字表示；
- “二”在条款中一般只作为序数词使用，如“第二种”，或者作为款下设项时的序数词使用，也可以在表示小数、分数、百分数和多位数时使用，如“三分之二”“百分之二”“二百二十”等。
- 在一般量词前，表示数量的多少，要用“两”，如“候选人两人”“两年以上”“两个月内”“两次申请”等；
- 专用术语、固定短语中的数字用汉字数字。

秘诀156 制度中出现量词时，应当使用法定计量单位。如公尺、公分、丈、寸、斤、担、立升、平方公尺等，不得在制度中使用。数量单位使用中文公制单位表述，但是附件除外。

秘诀157 制度不用“天”表示期间。期间以“时”“日”“月”“年”计算，期间开始的时和日不计算在期间内。“日”一般指自然日，包含节假日，“工作日”不包含节假日，需要明示为“工作日”的，使用“工作日”。对于限制公民人身自由或者行使权利可能严重影响公民、法人和组织的其他权利的制度条款，应当使用“日”，不使用“工作日”。规定办理事项所需时间较长，三十日以上的，一般使用“日”；所需时间较短，十五日以下的，一般使用“工作日”。上位法对“日”和“工作日”有规定的，从其规定。

秘诀158 在规范年龄、期限、长度、重量等，涉及“以上”“以下”“以内”“不满”“超过”的规定中，“以上”“以下”“以内”均含本数，“不满”“超过”均不含本数。

12.3 虚词的使用

虚词是不能单独成句、意义比较抽象的词，包括介词、连词、组词、叹词、象声词等。虚词的数量较少，而且不容易出现新虚词，但它们的使用频率却非常高。管理语体中常用的虚词是介词、连词和助词。

12.3.1 介词的用法

介词是用在名词、代词或者名词性词组的前面，可表示方向、对象等的词。一般来说，制度中出现频率比较高的介词大都用来表示对象、原因、目的和方式，如：对、为、将、因、由、通过、根据、自、在、把、同、当、以、比、跟、被、按照等。

秘诀159 表示“依据”意思的词语如下所述：

- “依照”一般用于以国家法规或上位规范作为依据的情况；
- “按照”一般用于对约定、规定、份额、比例等的表述；
- “参照”一般用于没有直接纳入制度调整范围，但是又属于该范围逻辑内涵自然延伸的事项；
- “遵照”通常与“执行”连用，表示对某种决定、命令遵照执行；
- 引用国家法规或上位规范作为制度制定依据时，可用“根据”；
- 适用其他制度或者本制度的其他条款时，可用“依据”。

秘诀160 介词“对”的用法：介词“对”主要用来提示句中动词谓语的处置对象，“对”字句表述的内容很多情况下是某些特殊事物，与一般情况相比，具有一定的特殊性，需要特殊处理，用“对”字来强调其需要特别处理的特征。

秘诀161 “被”字的使用。管理语体要求叙事客观，少用第一人称；又提倡开门见山，主要信息尽量前置，所以被动句使用频繁。“被”字引出的动作主体常常是“人”，不必交代；还有的动作主体很难确定，可以不交代。被动句虽然使用多，但是不等于都要用“被”字，如表示动作的对象或者比较对象时，一般用介词“与”或者“同”。

秘诀162 “在”字的使用：“在”作为动词时表示“存在”，作为副词时表示“正在”。这里讲的是“在”作为介词，同表示时间、处所、方位、范围、条件的词语组合，常用于“在……上”“在……中（里、内）”“在……下”“在……方面”中，做句子的定语、状语、补语。

12.3.2 连词的用法

连词是连接词、词组或者句子的词，如：和、并且、但是、因为、如果、跟等。管理语体频繁使用连词，因为它能比较细致地表示各种逻辑关系，如：并列、选择、递进、假设、目的、条件、转折、因果等。

秘诀163 使用“和”“与”“以及”“或者”表述并列关系、选择关系时，分别根据以下情形进行确定：

- 条款中通常使用连词“和”，连接两个并列的名词、动词或短语，在章名、条标中，一般使用“与”连接并列成分；
- “和”连接并列句子成分，其前后成分无主次之分，互换位置后在语法意义上不会发生意思变化，但是，在表述中应当根据句子成分的重要性、逻辑关系或者用语习惯排序；
- “以及”连接并列句子成分，其前后成分有主次之分，前者为主，后者为次，前后位置不宜互换，无法全部列举的并列对象，使用“以及”加限定性描述来代替；
- 多个对象并列的，前面用顿号连接，最后两个对象用“和”连接，无法全部列举的对象，用“以及”加限定性描述来代替；
- “或者”表示一种选择关系，一般只指其所连接的成分中的某一部分，使用“或者”连接词语或句子时，应当注意不同对象的层次关系，不得将不同层次的对象并列，必要时可以通过标点符号区分。

秘诀164 “但是”“但”的用法。“但是”“但”的含义相同，只是使用习惯不同。法律条款中通常用“但是”，不用单音节词“但”。“但是”后一般加逗号，简单句中也可以不加。

12.3.3 助词的用法

助词是独立性最差、意义最不实的虚词，一般可以分为：时态助词，如“着”“了”“过”等；结构助词，如“的”“地”“得”“所”等；语气助词，如“啊”“呀”等。法律条款中一般不使用语气助词，使用较多的是结构助词“的”。

秘诀165 助词“所”放在及物动词之前，加上“的”，表示这个及物动词支配的唯一对象。“所 + 动词 + 的”构成的词组是名词性词组，常见的用法有两种：“所……的”代替名词，如“所用的”“所考虑的”；“所……的……”修饰名词，如“所植的树”“所掌握的数据”“所储存的信息”。

12.4　句型的使用

句子是语言的基本运用单位。句子可以表达一个完整的意思。一方面，句子不仅具有一定的结构成分和结构方式，还必须有特定的语调，并讲究修辞之表达技巧；另一方面，句子是组建句群和篇章的基本单位，如果句子不通、逻辑混乱，势必影响句群与篇章。所以，句子是语言交际中最活跃、最有生命力和最关键的语言运用的构件。句型是从许多句子中总结出来的，同一意思可以用不同的句型表达。

秘诀 166 制度中多使用单句。为提高信息的传播效率，制度在表述上力求精练。单句结构简单，成分不多，字数较少却能达到内容精练、表意明确的效果。因此，一般情况下，制度较多使用单句。

秘诀 167 制度宜以短句为主，不宜使用长句。长句是由较长修饰语或词组做句子成分，形成结构比较复杂的句型。短句是结构比较简单、字数较少的句型。长句结构繁复，内涵丰富，具有集中紧凑的特点，能缜密地表达思想，有较强的逻辑，多用于论述和描写。短句结构简单，具有简洁明快、干净利落的特点。因制度用语要求简明性、准确性，所以应以使用短句为原则。

秘诀 168 制度中适当使用整句和散句。句式有整散之分。整句指整齐匀称的句子，多是对偶、排比等；散句指字数不拘，参差错落的句子。整句和散句各有各的用处，法规句式之选择，应依需要而定，如例示、列举规定，宜使用整句，其他可使用散句。

秘诀169 制度中以使用主动句为原则，被动句为例外。同一个句子意思，既可以用主动句表达，也可以用被动句表达。主动句和被动句各有不同的表达作用，在具体语境中用主动句还是被动句，应依内容表达的需要而定。制度句式原则上多用主动句，但如为语气贯通、语意明确、避免歧义，也可以使用被动句。

秘诀170 主谓句和非主谓句并用，多使用非主谓句。制度的表述对象是普遍的、抽象的管理关系，在这一管理关系中，某些管理主体一般都是董事会、监事会等机构或代表公司特定身份和职务的人，这一主体地位是任何其他机构或个人不能替代的，而且为全公司公认。在制度中，即使行为主体不出现，也不会引起误会。因此，为了语言的简练，非主谓句中的无主句使用普遍。制度的强制性决定了法律语言有时需用祈使句。而祈使句一般都是动词性非主谓句。如：禁止任何员工冒充上司亲属向基层经营单位推销商品和服务。

秘诀171 制度中应多使用陈述句、祈使句，不使用疑问句、感叹句和省略句。制度主要是提出要求，限定行为。祈使句可以很好地表达管理意图。否定祈使句的使用，可以使语气严肃坚决，体现出制度的权威性和强制性，具体体现在对工作行为的操作步骤描述上。“不得”“不准”“禁止”等具有强调意义的词语，表达了对工作中某种现象的制止和反对，“不得”强调语气，突出态度的严肃性，“不准”强调了对行为的限制，“禁止”明示了对工作行为的要求。例如：不得随意乱扔办公垃圾；不准在工作区域内用餐、吃零食；禁止喧哗吵闹。

秘诀172 “由”字句是全句为被动句，“由”字引出制度行为的施事。表述模式为“×× 由……”。

秘诀173 周遍句是在一定范围内，没有例外。制度规定的某些管理事项，集团公司所属企业情况不同，不能完全适用，可以使用周遍句。

表述模式可为“任何……（都）……”“一切……（都）……”。

秘诀174 “对”字句是由“对”“对于”引出动作的对象或与动作有关的人或事物，施事（主体）有两个位置：施事（主体）在句首，表述模式为“××对（对于），应当（可以）……”；施事（主体）在句中，句首为对象状语，主要突出陈述对象，表述模式为“对（对于）……的××，应当（可以）……”。

秘诀175 “将”字句，其谓语动词应有处置性，即动词对受事要有积极影响，动词前后还有别的成分，一般不能单独出现，表述模式为“××将……”。

秘诀176 制度中“的”字结构，是结构助词“的”附着在名词、代词、形容词或者动宾词组之后的一种无主语句式，“的”字在句尾，省略中心语的一种表述形式，使制度条款的表述简化。用于条款假定部分的表述，指法律规范所适用的条件、主体、范围等，一般表述为“……的……”。

制度中的“有下列情形之一的”“有下列行为之一的”句式，是对符合某一法定资格、承担相同法律责任等的情形或者行为的列举。

秘诀177 “的”字句中，“有下列情形之一的”“有下列行为之一的”中的“的”字不能省略，其所列各项末尾是否用“的”字，根据不同情况，按照下列规定表述：

- 所列项是名词时，不用“的”字；
- 所列项是主谓结构时，视为名词性短语，不用“的”字；
- 所列项是动宾结构时，用“的”字。

秘诀178 制度中的但书条款，是以“但是”引出的一种特定句式，表示对前文所作规定的转折、例外、限制等，多用于条款句尾。但书条款与前文主语相同或者联系紧密时，“但是”之前一般使用逗号或者分号；与前文主语不同，独立成句时，“但是”之前一般使用句号。“但是”之后一般使用逗号，在简单句中也可以不用。但书条款包括以下情形：

- 表述例外情形，当制度设定的行为规范可能与法律、行政制度有交叉，为了不与上位法抵触而专门作的但书条款，一般表述为“……但是，法律、行政制度另有规定的除外”；
- 表述限制情形，一般表述为“但是……不（不得）……”；
- 表述附加情形，一般表述为“但是……可以（应当）……”。

秘诀179 制度中的例外规定（也称除外条款），是使用“除”“外”的句式，对条款内容做排除、例外或者扩充规定的表述。对条款内容做排除、例外表达的，置于句首或者条款中间，表述为“除……外……”或者“……除……以外……”；对条款内容做扩充表达的，置于条款中间，表述为“……除……以外，还……”。

秘诀180 列举句式分为单列句式列举和列项句式列举。列举采用统一的逻辑标准，应做到形式一致、列举详尽，不宜使用兜底条款。

- 单列句式列举是列举的内容与它所要说明的概念或内容构成一个完整的句子，所列举的内容用顿号或逗号隔开，表述模式为“××、××、××……”或者“××，××，……”；
- 列项句式列举是列举的内容用列项的形式排列，用分号隔开，表述模式为：

1.……

2.……

…………

12.5 复句的使用

制度中的句子表述要周密，但单句往往难以达到周密的要求，因而复句被大量使用。复句是由两个或更多的意思上有联系的单句组成的句子，分句之间的关系常用连词、副词以及一部分起关联作用的短语来表示。根据分句之间不同的逻辑关系，复句分为并列、承接、递进、选择、转折、因果、假设、条件、解说、目的、排除等类型。

秘诀 181 并列复句，由两个或两个以上的分句并列组合而成，叙述相关的几件事情，或说明相关的几种情况，分句之间没有主次之分。表述模式为“即……又……”。

秘诀 182 承接复句，也称顺承复句，连贯复句。几个分句表示连续发生的事情或动作，彼此顺序不能动。表述模式为“A，于是B”“A，然后B”“A，接着B”。

秘诀 183 递进复句，由两个有递进关系的分句组成，后一个分句表示意思比前一个分句进了一层。表述模式为“不但（不只）……而且（还、又）……”“而且……”。

秘诀 184 选择复句，几个分句分别说出几种情况，要求从中选择一种，表示“或此或彼”“非此即彼”“与其这样不如那样”等意思。表述模式为“或者（或）……或者（或）……”“不是……就是……”。

秘诀 185 转折复句，由两个有转折关系的分句组成，后一分句的意思不是顺着前一个分句的意思说下去，而是转到相反的意思上去。转折复句通常用于下列情形：转向新的规定、转为条件、转为补充、转为限定等类型。表述模式为“虽然……但是……”。

秘诀 186 因果复句，由两个有因果关系的分句组成，分句之间是说明原因和结果的关系。表述模式为“因为……所以……”“既……就（那么）……”“因此……”。

秘诀 187 假设复句，由两个有假设关系的分句组成，前一个分句假设存在或出现了某种情况，后一个分句说明由这种假设情况产生的结果。表述模式为：“如果……就（那么）……”“即使……也……”。

秘诀 188 条件复句，由两个有条件关系的分句组成，前一个分句提出一个条件，后一个分句说明在这种条件下产生的结果。表述模式为："只要……就……""只有（除非）……才……""无论……都（也）……"。通常使用"凡""一切""所有""都""一律"等关联词语。

秘诀189 解说复句，也称总分复句，由总提和分说两部分组成，总提用一个分句，分说与总提相应，用几个分句表达。表述模式为"……分为×类：一是……二是……×是……"。

秘诀190 目的复句，由两个有目关系的分句组成，前一个分句表示一种行为，后一个分句表示这种行为的目的。表述模式为"为了……"。

秘诀191 排除复句，用于对条款内容做扩充、排除和例外规定的表述。

- 对条款内容做扩充表述时，置于条款中间，表述模式为"……除……外，还……"；
- 对条款内容做排除、例外规定表述时，可以置于句首、条款中间或者句尾，表述模式为"除……外，……""……除……外""……""……除外"。

第 13 章　制度版式设计

主持人杨澜说过一句广为流传的话：没人有义务透过你邋遢的外表去发现你优秀的内在。阅读制度也是如此，没有读者有义务透过其糟糕的版式去发现内容的价值。为了提高阅读体验和降低阅读难度，制度版式应该是结构清晰的。

13.1　保持版面整洁清爽

发布制度前还有一项非常重要的工作要做，那就是排版。它做得好与不好，非常影响阅读体验。无论是通过电脑阅读还是阅读纸质书，面对没有排版的文字，读者会失去阅读兴趣。版式设计不到位，对阅读是有影响的。因此，项目组必须打造出“既无障碍又舒适的阅读空间”。对于排版规则，可以参考《党政机关公文格式》（GB/T 9704—2012），该标准对公文用纸、印刷装订、格式要素、式样等做出了具体规定。

13.1.1　版面的空间规划

在版面的空间规划上，应留出 20% ～ 30% 的空白，避免太多文字给阅读者带来视觉上的压迫感。制度草案用纸除特殊规定外，应统一使用 A4 纸张。如果有装订需求，则应预留左侧边界（统一采用左侧装订），将制度草案内容向右侧微调，以便文件装订后，文字内容仍可居中。

13.1.2 字体与字号

制度应避免使用太多字体。建议每份制度最多使用两种字体，标题部分建议使用有突出感的小标宋，内容使用有阅读性的仿宋体。标题字号通常为二号小标宋。回行时，尽量做到词意完整，标题排列可呈梯形或菱形。制度正文字号一般为三号仿宋。附件应当另面排版，“附件”二字及附件顺序号用三号小标宋顶格编排在版心左上角第一行。附件标题居中排在版心内第三行。附件的顺序号和附件标题应当与附件说明的表述一致。需要注意的是，呈报给公司领导的制度，正文字号必须是三号或以上字号。

13.1.3 字间距与行间距

字间距和行间距体现了文字间的横向及纵向的距离，不同的疏密对阅读者有着不同的影响。字间距一般用默认值即可。过小的行间距令人压抑。如果条款是按照单倍行距排版，会给人以“透不过气”的感觉；两倍以上的行间距，又会令人感觉内容“空洞”，而且增加页数。行间距大小与字号大小有关，对于正文是三号仿宋的文本来说，行间距一般不应超过 28 磅，也不应小于 25 磅。

13.1.4 条款与段落

如果某个条款内容过长，则需按内容主题将其分解为不同的段落，并减少每个自然段的文字量，以此降低阅读难度。通常情况下，一个段落只安排一个内容或主题，这样更能看清制度结构。短小甚至只有一句话的条款如果大量存在，会使版面疏密不均，此时可以考虑设立专门的标题，如“其他规定”，而将文字量很少的多个条款放在其下，以使版面均衡。

13.2 题注的功效

在制度编写中，有一件容易被忽视但又异常重要的事情，那就是“版本管理”，题注可用于版本管理。制度的题注，是制度名称下用以反映制度文本的形成过程或者显示经过不同制定阶段的提示性文字。题注包括：制度的通过时间、制定机关、通过的会议届次；修改时间、修改机关、修改的会议届次。制度经批准的，题注还应当包括批准时间、批准机关、批准的会议届次。制度经过再次或者多次修改的，应当依次注明修改时间、机关、会议届次和依据。

秘诀 192 题注的内容以圆括号的形式标注，各句之间间隔一个空格，不使用标点符号。题注不得使用简称。

秘诀 193 属于修改的制度文本题注应当按照不同的阶段，分别称为：“修改草拟稿”“修改送审稿”“修改征求意见稿”，以此类推。题注应当按照下列要求表述：

- 起草部门起草完成的制度，称为“草拟稿”；
- 起草部门送制度管理部门审核的制度，称为“送审稿”；
- 制度管理部门对送审稿修改后征求各方意见的制度，称为“征求意见稿”；
- 制度管理部门组织相关单位讨论的制度，称为“讨论稿”；
- 制度管理部门审核作进一步修改后，拟提交公司董事会、董事长或总经理审批的制度，称为“草案”；
- 公司股东会（股东大会）、董事会、监事会或董事长、总经理提出修改意见，重新报请审批的制度，称为“草案修改稿”。

制度文本可以在题注后注明稿次，并加括号。例如：“草案修改稿（一稿）”“草案修改稿（二稿）”，以此类推。

制度正式下发时，应当删去题注。

13.3 目录的添加

如果制度篇幅较长，就应该给制度编写一个目录。看到目录，读者对制度的框架就有一个整体的认识——接下来将介绍几个主题，能减轻读者的阅读负担，方便读者了解制度内容。

制度设章的，在正文前应当列目录，将各章标题按序排列；章下设节的，章内的节标题单独排序。条、款、项、目不列入目录。在目录页中，“目录”两字第一行居中排列，空两行后顶格起排目录内容。目录内容包括章、节（如认为有必要）、附录的编号、标题及所在页码。标题和页码之间用“……”连接。

13.4 页码的插入

页码不可或缺。作为制度审核者，我发现许多制度都不带页码。记住，页码是制度中不可或缺的部分。我看到制度后做的第一件事是翻到制度的最后一页看页码。如果最后一页标着“34”，我就知道：“哦，一共有 34 页”，然后有选择地看下去。如果不加页码，读者就会产生“这在说明哪一部分内容”的疑惑，读者还会有“不知道读了多少页”的压力。如果制度文本有很多页，能够鼓励读者读到最后的就是页码。制度有了页码，读者对于制度文本的好感会大幅上升。

插入页码，还能使制定者注意制度结构上的缺陷，比如“这部分内容已经超过 10 页了！不行，得精简一些”或“这部分有 5 页，那部分只有 1 页，有点失衡啊”。制度的页码一般放在页脚正中间或右侧。避免装订时页码被订进去，不要将页码设置在页面左下角。

13.5　电子版制度应以 PDF 格式保存

用电脑或投影仪演示制度时，制度在 Word 或 PPT 格式下可能出现乱码或格式被改变的情况。有一次，我将保存制度草案的 U 盘插到会议室电脑上，Word 上的字体就变了，排好的版式也变形了。为避免这种问题的出现，最好的办法就是将文件转化为 PDF 格式。

PDF 最大的优点是无论将文件拷到哪一台电脑上，都能保证文本、图像、图形的打印效果跟电脑显示效果完全一致。PDF 的另一个优势是可以压缩数据，使文件变小，这有利于将文件作为电子邮件的附件发送。

第 14 章　现在开始写吧

本章关注的是写作过程，聚焦如何克服写作中面临的各种困难。从心理角度探讨每个写作者都会遇到的障碍，如幻想、拖延、焦虑、负罪、羞愧、自卑、自我怀疑等，大部分人将这些困难归因于写作方法的缺失，却忽视了外部环境和内心的困扰。要克服写作中的各种障碍，要先对自己的心理和写作环境有一个客观的认识，只有这样，我们才能真正发现和突破来自内外部的写作困境，让写作成为一件轻松、快乐的事情。

14.1　团队写作方式

对于篇幅长、内容复杂的制度，一人起草确有困难，需要团队完成。然而，多名成员一起完成一个长篇幅的、精准的、连贯的文件是有挑战性的。在写作过程中，写作不是线性过程，而是循环往复的过程。

14.1.1　各有分工，先分后合

这是起草团队人人动笔、分工合作的写作方式。

第一步，统一提纲。起草团队要有领衔写作者，此角色通常由项目经理担当。项目经理牵头，团队成员根据材料要求，以及收集的材料，共同拟定写作提纲。人人参与拟定，统一认识，可为此后的统一写作奠定了基础。

第二步，分头写作。如果准备时间比较充分，起草者经验丰富，每

个人都能独当一面，可以采取分头作业的办法，即集体构思，分头写作，集中交流，项目经理统稿。这种办法，可以充分发挥每个人的聪明才智。

第三步，集体会诊。个人的写作任务完成后，就是集体把关、大家会诊的过程。首先，按照全文的自然顺序，从头至尾，分别通读，使大家对全文有初步的整体印象。其次，一一过关：从立意、内容，到结构、文字，还包括前后交叉、重叠部分，大家各抒己见。最后，根据会诊意见，各自分头修改。

第四步，一人统稿。在每位成员制度起草、修改的基础上，项目经理着手统稿工作。统稿是一个再创造的过程，统好一篇稿件，难度不亚于单独起草一篇稿件。因为，虽然每部分都是按照提纲编写的，但各人有各自的认识水平和写作特点，要使制度各部分统一协调，像一个人写出来的，免不了要动些“手术”。

14.1.2 一人主述，大家帮助

这是由项目经理口授、参与者合作的写作方式。

第一步，集思广益出提纲。既要遵照领导指示，还要依据实际调研情况，包括经营管理现状、存在问题、员工要求等，并将两者结合起来，参与者集体拟定制度草案写作提纲。

第二步，一人主述全文。项目经理处于领导岗位，拥有信息量大，了解情况全，接触领导多，加之有一定的工作能力，可以担当主述者。他可以集中大家意见，提炼升华。一人口授下来，有益于文意连贯，风格一致，也便于修改。

第三步，共同参与修改。在起草团队内，除主述者外，设一名执笔者。此人要头脑清醒，具有较强的文字能力，如果不用录音笔，最好打字快，对口授的内容做笔录。其他参与者要积极参与：有主述内容需要修改的，立即插言；也可以斟酌观点，补充事例，推敲语言。初稿写出后，执笔

者通读一遍，再经集体会诊，从各个角度提出修改意见，执笔者做文字调整，直到大家认可。

需要说明的是，修改并不是最后阶段的工作，写作过程中就要修改。修改是有办法的：第一种是逐段修改，对先写出来的部分提出修改意见，避免后面走弯路；第二种是相互修改，浏览团队成员交上来的初稿后，先不急于统稿，而是让大家互换稿子交叉修改，取长补短，相互促进；第三种是集体会诊，形成初稿后，大家对初稿“把脉会诊”，推敲讨论，集思广益。在实际工作中，这三种修改方式可以交替使用。切记：修改别人编写的内容时，一定要提前告知对方；确保每名成员清晰地知道每一轮修改的目的。

14.2 提升写作力的路径

制度草案编写，是每个项目组成员迟早都要接触到的。项目组成员应该主动克服畏难情绪，积极起草制度，将条款表述清楚，把制度语言运用准确。当然，要达到这样的水平并非一蹴而就，项目组成员需要在实践中不断学习，写作水平才能有所提高。一般而言，制度写作分为三个阶段：模仿和学习阶段、实践阶段、熟练写作阶段。不同阶段，不同写作者停留的时间、花费的精力和学习领悟到的内容可能各不相同，但总体实践趋势是大体相同的，这正是写作能力提升的规律所在。

14.2.1 模仿和学习阶段

在模仿和学习阶段，项目组成员对业务不太熟悉，对制度的基本格式要求和写作特点只有粗浅的了解。在这个阶段，动笔写作不是最重要的，而是看大量的范本。只有从范本中不断学习，积累经验，写作者才能真正从感性上和理性上掌握制度的相关要素，如制度主题、结构、格式、语言和材料等。职场中充满了模仿和学习制度的机会，不管是拿到的上级文件，还是在报纸和网络上看到的制度，甚至是日常工作时阅读到的同事作品，都是最好的学习素材。不妨在公司中确定几个重点模仿和学习的同事，了解他们是如何写作的，多接触和阅读他们的作品，无形中就积累了写作经验。

14.2.2　实践阶段

经过模仿和学习后，写作者就正式进入制度起草的实践阶段。此时，制度的主题、格式等特点已经牢牢熟记，写作者也能从容驾驭制度用语。此时的制度写作，不再是单纯的模仿，而是真正的设计。按照制度写作规律，在这个阶段，写作者必须在文章的结构和内容上深入研究。在结构上，写作者要将制度的框架归类理顺，这样即使篇幅再长的制度也能够层次清晰；在内容上，写作者要大胆舍弃非核心条款，集中笔墨在最主要的内容上，从而突出主要内容。当然，在这个阶段，依然要重视制度格式。

14.2.3　熟练写作阶段

此阶段，写作者已经准确把握制度格式，同时又能不受格式的束缚，写出制度条款，起草制度基本一气呵成了。在该阶段的实践中，写作者应该培养提炼条款内容的能力，更有效率地表述条款。为此，写作者应该在实践中提炼那些看起来普通的条款内容，找出其中最重要的信息。同时，制度还要写得简洁，能用一个条款表达完整清楚的，绝不用两个条款。

14.3 克服写作心理障碍

当写作者发现自己停滞、拖延、长时间盯着空白页、打电话闲聊、重读材料却无法写出任何文字的时候，写作者肯定遇到了写作障碍。下面介绍几种摆脱写作障碍的方法。

秘诀194 把握写作节奏。写草案是一个需要写作者坐下来，将所有东西写出来的过程。有人认为应该在认真头脑风暴、列出内容提纲后动笔写初稿，但是，很多人不以为然，直接开始写。这样做实际上也有一些优势，一些写作者发现在写作过程中会产生新的想法，但是心里要清楚，如果想在考虑目的、考虑读者、头脑风暴出实际内容之前开始写初稿，可能要面临大量的修改工作。如果写作者认为这不是问题，那就别犹豫，开始写吧！

秘诀195 不能想清楚了再写，最根本的原因是没法想清楚。思路本来可能是碎片化的，不要指望先在头脑中完成创作，然后就“下笔如有神”。对大多数人来说，最好的办法是，随时随地将碎片化的思路和灵感落于纸上，为大脑减负，在纸上完成整合。所以，写作是一个动态过程，写作者只能在写的过程中想清楚，如果不去写，写作者不知道写作过程中会遇到什么问题，而且一直想，不落笔记录，大脑负荷越来越重，容易忘记某些想法。

秘诀196 只有开始写，才能摆脱写作恐惧。大部分人都有写作恐惧症，因为写作是一个从无到有的创造过程，这个过程没有捷径可言，只能不停地思考，一字一句地编写。这个过程是漫长而痛苦的，充满自我怀疑和自我否定。摆脱写作恐惧的最好办法之一是直面恐惧，只要开始写，就可以很快忘记恐惧。

秘诀197 先完成再求完美，先写完再修改。完成和完美哪个更重要？当然是完美。但是写作者要先完成初稿，没写出来的东西不能称为草案，只能算作内心的想法。写作者要写制度，就要把内心的想法通过文字表达出来。没有具象的文字，如何去评判抽象想法的好坏呢？如何修改呢？有句话说，先干起来，就成功了一半。写作亦是如此，没有人能一步到位写出完美的制度。记住：现在写的只是草案。

14.4　好制度离不开修改

制度的修改与调整是起草工作的延伸，目的是在满足客观条件的前提下，通过修改或调整使制度达到令人满意或可以接受的程度。修改主要针对的是具体条款，调整主要针对的是局部结构和操作模式。修改与调整承上启下，既是草案编写的后续工作，也是掌握制度起草技能的基础。

秘诀 198 当项目组讨论如何修改制度时，即使上司的修改意见有的不准确，或者对背景不了解，或者对内容有误解，其他写作者都要沉得住气，认真听取上司的意见。

秘诀 199 参与起草和修改重要制度时，写作者一般可以就同一个问题提出两次修改意见。第一次意见被否定时，主持制度起草的上司可能只是凭直觉做出判断，这时写作者可以提出第二次意见，上司可能已经认真思考过，如认为可行，就会接受。如果上司还是不同意修改意见，就不要再提第三次。

秘诀 200 提出修改建议时，态度要谦和。即使写作者的意见非常正确，也要使用“建议做如何修改”等提法，留给上司冷静判断的空间。

秘诀 201 第一次起草制度草稿时，写作者往往会借用其他重要文件中的内容，这时需要提及该文件，以便大家知晓。因为有的上司不一定熟悉各种文件精神，可能对文件已有定论的内容提出不同意见，甚至建议修改。此时，写作者可以采取这样的表述方式：在按照公司领导指示精神（按照某某指示精神、按照某某讲话精神、按照某某文件要求等）的后面，具体写上内容和要求。这样大家就知道该重要内容的出处，会比较慎重地提出修改意见。

14.5 编写起草说明

制度的起草应当包括制度草案主文及其说明的起草。制度草案说明主要是便于上司或其他部门对草案提出意见或建议，便于合规经理审查草案。需要强调的是，起草说明可能是上司唯一可读的作品，因为，如果上司没有时间阅读制度草案，只能依靠起草说明判断制度草案质量。

项目组在完成制度草案编写后，形成制度征求意见稿和起草说明。起草说明包括：制度的制定背景与依据；主要内容及可行性；与现行制度的衔接；风险控制措施；需要注意的其他重要问题。

14.5.1 先讲制定背景，引起读者重视

背景说明是对需求分析实施的背景进行的说明，即产生管理需求的原因或设计动议等。背景说明的主要作用是渲染培训需求分析的最大效果和作用。陈述制定本制度的理由，制度规定事项所涉及的相关情况、存在的主要问题及问题出现的原因、必须通过制定制度予以规范的理由等；必要时，介绍其他公司的相关情况及制度的制定情况。背景说明是为管理需求分析服务的，并突出需求分析的作用。

14.5.2 起草过程和制定依据，向读者强调价值性

主要说明立项、调研、起草、征求意见、协调、修改等相关情况。

因此，起草说明的撰写者，说明管理需求分析的分析方法和实施过程，可使领导对整个评估活动有一个大概的了解，进而为分析结论的判断提供依据。

14.5.3　制度的制定依据

只要在本制度中作为依据使用或者制度参照、参考的，都要列举出来。要遵循这样的列举顺序：首先是国家法规及上位制度依据，其次是参照依据，最后是参考依据。依据的名称必须是其全称并加书名号，同时注明文号和公布时间。

14.5.4　起草过程中不同意见的处理

关于起草过程中不同意见和协调情况的处理，要先说出结论。

秘诀 202 对于并非大的原则性问题的一般性不同意见、不直接影响管理工作的不同意见、经过协调已经达成一致的不同意见等，可以不做说明。

秘诀 203 对于涉及大的原则性问题的不同意见、直接影响经营管理工作的不同意见、确须做出规定但经过协调仍达不成一致的不同意见、虽然达成一致但有可能在实施中重新提起异议的不同意见等，必须要将分歧各方的具体意见、相关部门的协调情况、具体建议等，在说明中专条列出并具体说明。

秘诀 204 对于经过协调达成一致的一些重大问题，还要对达成一致的具体内容明确说明。

14.5.5　制度的主要内容和有关问题

第一，以高度概括、简洁明了的方式，说明本制度的主要内容。

秘诀 205 列举 3 ～ 5 个重点。公司领导能记住的重点数量有限，因此起草说明应该将说明的重点数维持在 3 ～ 5 项，太多的重点就是没有重点。

第二，对本制度中的有关规定、制定理由、合法性、针对性和可操作性等相关情况，做出具体说明。

秘诀206 基于客观事实表达重点。保证内容客观性的几个做法：一是态度诚恳地自查想法，多花些时间思考想法的本质，通过自我辩证的方式确认想法的可行性；二是附上调查资料佐证，用证据说话；三是用类似的经验值支持自己的想法，观察总结同业的成功经验，合理推论证明自己的想法具有客观性；四是从正反两面陈述事实，正反两面论点并陈，避免起草说明成为“一言堂”，只说明优势与机会，对于劣势及风险却只字不提。

秘诀207 起草说明具体化。起草说明的作用之一是将抽象的概念具体化，方便公司领导评估构想。具体化是将想法以最接近事实、最精准的方式展现。通过以下几个方面的努力，可以让公司领导了解到内容的具体性：一是以先进案例、成功经验、人际关系等相关说明取代信心、看法、观察、预测等抽象叙述；二是文字叙述具体化，避免使用模棱两可的词语，如可能、也许、大概、尽量等；三是数字表达具体化，明确定出达成目标与时间，如2008年业务增长率由18%增长至22%；四是视觉呈现具体化，采用文字内容搭配图表方式呈现，以图辅文，让想法表达更具体；五是附件资料具体化，提供参考资料，如国家法规节选、示意图、参考照片等。

秘诀208 采用图形化呈现方式。纯文本式的起草说明已经不具吸引力了。一般来说，一份起草说明至少应该有30%的图形化内容。文字结合图片、表格等，才是起草说明最清楚的表达方式。主要理由如下：提高图形化程度能降低文字的信息密度比例，减轻阅读文字的压力；图形化能辅助文字叙述，提升起草说明的理解度，较高比例的图形化内容可以提升起草说明的整体质感。

14.5.6　送审稿与立项确定的主要思路不同

送审稿与立项确定的主要思路和制度措施有重大变化的，起草部门应当就变化的情形和理由做出专门说明。

第 15 章　沟通你的设计

戴尔·卡耐基说："一个人事业上的成功，只有 15% 是由于他的专业技术，另外 85% 要靠人际关系。"制度设计是对未知事物的探索过程，存在反复是正常的。所以，在项目推进过程中，需要不同背景、不同性格的团队成员经常性地集思广益，进行创造性思考，寻求解决方案。无法取得大家共识的制度，即使内容再好也将胎死腹中。很多制度之所以失效并非想法出了问题，而是事前未征询对方意见。制度草案中很多错误或缺陷的出现，主要是成员之间沟通不畅造成的。可以说，在制度设计工作中，沟通的重要性不亚于专业技能的重要性。

15.1　团队内部的沟通

秘诀 209 沟通不仅仅是说话，沟通的真正意义在于心理层面。沟通双方需要对信号进行理解，接收信号的人只有理解了信号的含义，才能明白表达者所要表达的意思，这里的理解需要个人具有知识经验，需要思维活动。

秘诀 210 积极运用协作工具，提升沟通效率。如，石墨文档是一款好用的在线协作文档，支持多人同时在线编辑同一个文档。运营人员可以用它组织多人协作撰写文案、一起制定运营规划和开展头脑风暴等。这样一来，团队运营人员在一个文档里就能轻松完成方案讨论和稿件校对等工作，提升沟通效率。

秘诀 211 用图表说话，沟通效率翻倍。大脑偏爱视觉，我们能瞬间理解图像并形成记忆，而需要更多的时间才能领会文字的含义。比如说，给一个从未见过大象的人解释什么是大象，不如让他看一眼大象的照片，他就很容易理解；但若是用文字去解释“大象”的概念，不但冗长晦涩，而且脑海里也很难形成一个准确的“大象”形象。由此可见，可视化沟通能让沟通更高效、更准确。

秘诀 212 通过复述确认信息已掌握。老师确认学生是否真正理解自己所讲内容，最好的方式就是让学生用自己的语言复述。真正掌握某些信息，是可以把信息的大部分内容传递给别人的。

秘诀 213 确保对方理解。大多数沟通问题都源于信息的不对等或理解的不对称。切记：沟通过了，对方不一定就清楚，没有反馈不一定就没有意见。沟通后，要判断对方是否理解了想法，就是请对方重述刚刚表达的内容。为了让对方更好地理解，首先表达清楚自己的需求，如“我想跟你沟通这么一件事情……我们要讨论出方案……”，除非关系微妙、场合不太合适，否则应该直接表明主题。

15.2　部门间的沟通

秘诀 214 创造共同目标一起合作。跨部门合作的事情，一定要有清晰明确的收益目标，才能比较好地争取各方支持。项目经理要想参与人员能够积极地参与制度起草工作，需要明确说明该项目的意义，特别是对个人利益的影响。当大家认为这是一个合理的计划，会给予更多的支持。

秘诀 215 共同目标要清晰。各方对合作事项的理解不一致，比如：对任务难度理解不同，起草部门认为提需求就是填写调查表格，很简单，但业务团队认为填写表格较麻烦；对任务交付时间的理解不一致，起草部门认为的“尽快”是在当天完成，其他部门则觉得“一周”也挺快了。搞清楚这两个背景，项目组就能够在心态上接受跨部门沟通的挑战，从而做好工作。因此，跨部门合作，一定要有一个清晰的、可量化的共同目标。

秘诀216 开诚布公是最好的对策。凡事以诚实为上策，最忌欺骗、隐瞒事实，这会破坏双方的信任关系。部门间一旦缺乏信任感，会加重彼此的防御心，沟通时就会有所保留，甚至隐藏某些重要信息。相反，互信会让双方在沟通时打开心扉，明白说出自己的需求与考虑，并且提高合作意愿，共同解决问题。诚信沟通有三个要素：错的不要解释；务必不要争执；不打断对方说话。频繁的互动有助于提升彼此的熟识度，时不时地跟其他部门的同事吃吃饭、聊聊天，有利于双方设身处地地为对方考虑。

15.3 与上司的沟通

秘诀217 主动汇报，别等着上司问你。汇报工作可以分为主动汇报和被动汇报。但是，在现实工作中，许多年轻人将汇报工作看作一件可有可无的事情，甚至觉得如果自己主动向上司汇报工作有溜须拍马之嫌。事实上，上司更乐意听取主动汇报。

秘诀218 汇报的是方案，而不是问题。上司希望下属能帮助其解决问题并独立承担某方面的工作。虽然解决问题的能力需要长期积累，但带着解决方案去汇报的意识，需要从工作的第一天就开始培养。

秘诀219 提供有价值的信息。请示汇报的时候，并不是说得越详细越好，汇报者需要提前归纳总结，把对事情决策必要的、有价值的信息提炼出来，归纳成几点进行汇报。这样的汇报，上司容易接受，也更容易做出判断。记住：上司是忙碌的，他们只对有价值的信息感兴趣。

15.4 组织专家论证会

专家论证会是比较正式的沟通方式，通常发生在设计方案产生的初期，一般是由起草部门邀请对某一问题有专门研究的专家，对制度涉及的重大的、疑难的内容在理论、技术以及理论与实践相结合方面，对有关制度和措施的合理性、可行性、操作性等进行讨论和证明的一种会议形式。

15.4.1 组织专家论证的情形

多数制度在起草阶段并不需要专家论证。重要的、内容复杂、风险较大或者专业性、技术性较强的制度，或者存在其他需要深入论证等情形的，才需要组织专家论证会。如，基本制度与政策类制度，因其重要性且涉及面较广，就可考虑组织专家论证。

15.4.2 组织专家论证的主体

专家论证通常由制度起草部门发起和组织，主要是在制度起草征求意见、形成制度审查稿之前。在制度审查阶段，如果制度管理部门认为有必要组织专家论证会，也可由制度管理部门发起和组织。

15.4.3 专家团队的组成

根据专家来源的不同，专家分为内部专家与行外专家。内部专家由集团公司专家组成员、业务条线专家、基层工作经验丰富的资深员工等组成。内部专家不能满足需要时，可邀请外部相关专家参与论证。

15.4.4 专家论证的流程

第一，起草部门确定论证对象（制度征求意见稿）、需专家论证的主要内容，形成专家论证具体实施方案（时间、地点、具体方式等）。

第二，具体组织实施专家论证（会前准备、资料发送、实施论证等）。

第三，归纳、总结、评估专家意见，根据专家意见修改完善制度。若专家意见存在重大分歧，可预留一定时间，视情况再组织一次专家论证。

15.4.5 专家反馈意见的要求

专家以独立身份发表意见，在专家发表反馈意见前应保证专家对拟论证问题及相关情况的知情权，专家论证过程中应提供行业内权威的、最新的研究成果或资料作为论证依据，并附有较详细的分析论证过程。最后应在反馈意见上签字，以确保专家出具的意见为其真实意思表达。

15.5 重视征求意见

由于部门本位、岗位本位等客观局限性，以及面向同一事项的制度不同起草者会有不同的输出结果，制度起草后，要征求多方意见。征求制度草案意见时，要注意下列事项。

第一，除下列情形外，制度草案应当公开征求意见：落实监管要求修改，没有创设新内容的；因情况紧急，为了公司利益需要迅速制定的；其他不适宜公开征求意见的。

第二，起草部门在将制度草案提交相关单位征求意见时，除征求意见稿外，应同时提供辅助材料：制度起草说明；涉及的国家法规和其他规范性文件清单；涉及的本公司现行有效制度文件清单。

第三，起草部门征求意见的公函应当包括以下内容：制度草案全文；起草说明；征求意见的起止时间；员工提交意见的途径，包括信函地址、联系电话、传真及电子邮箱。

第四，公开征求意见的时间一般不少于十日。因情况特殊需要缩短公开征求意见时间的，合规部门应当在通知中予以说明，缩短后的制度草案公开征求意见时间不得少于五日。

秘诀 220 对于直接涉及员工切身利益的制度，由人力资源管理部门组织员工代表大会或者其他形式的会议公开征求员工意见。

秘诀 221 收到征求意见要求的部门或所属企业应认真研究，重点关注制度的合法性、合理性、可操作性、是否符合风险控制要求等方面，并在规定期限内反馈书面意见、说明主要理由和依据，经部门负责人签字后，送交起草部门。超过规定时限未答复的，或者未经本单位负责人签字的，视为无意见。

秘诀 222 征求意见过程中，有关部门对草案涉及的主要措施、管理体制、权限分工等问题有不同意见的，起草部门应当主动协调。经协调仍然存在分歧的，起草部门应当将意见分歧情况、各方依据及理由在报请审查时予以说明。

秘诀 223 起草部门负责汇总、研究和协调其他有关部门反馈的书面意见，对于合理的意见，合规部门应当积极采纳，并对制度征求意见稿进行修改完善，形成制度草案审查稿。审查稿应当包括制度正文和起草说明，在起草说明中详细列明征求意见及采纳情况；对于未采纳的意见，应做特别说明。

第16章　如何审查制度

制度历经立项、起草论证和征求意见后，将被送至合规部门履行审查程序，这是制度审议或审批发布前的必经程序。审查是制度送审稿转变为制度草案的中间环节，是提高制度制定效率、保障制度质量的重要措施。合规审查是合规经理的日常性工作，往往与制度修改一并完成。简言之，合规经理要尽可能地发现问题以供修改或决策之需，但制度审查未必能够解决所有问题，因为合规经理也不是万能的。

16.1　制度审查概述

在国有企业合规管理体系建设的实践中，制度合规审查是合规管理的重要环节。《中央企业合规管理指引（试行）》第十四条规定："强化对规章制度、改革方案等重要文件的合规审查，确保符合法律法规、监管规定等要求"。制度审查是合规部门根据法规要求及合规部门的专业判断，通过检查、核对、分析等方法，就制度中存在的法律问题及其他缺陷提出意见供起草部门决策、自行调整或参考的专业活动，不包括对文本进行修改。

制度送审稿由合规部门负责统一审查。有的制度起草完毕后，直接报送给了有关领导，有的则报送到办公室，在一定程度上造成审查工作的延误。相对业务部门而言，合规部门对相关法律的掌握更为全面，这有助于其对制度送审稿的内容与形式进行合法性和适当性方面的审查；

合规部门与制度中涉及的具体事项没有直接的利害关系，其所处的中立地位有利于其对制度送审稿进行客观、公正的审查，并对有关机构之间的争议进行协调，以消除不合法、不合理的规定，化解矛盾，保证制度的质量；合规部门可以综合各方面意见，从宏观上审视制度送审稿。

需要说明的是，法律审查和合规审查在性质上是有差别的：合规审查的内容本身属于业务内容，是业务人员应当掌握的技能，业务部门的意见具有权威性和决定性；法律审查除了底线要求等合规内容以外，还涉及大量的权利义务的保护和实现的内容，法律审查对业务部门来讲，是一项与业务相关的专业性工作，业务部门不可能承担法律审查的责任。这就是为什么业务部门要承担合规审查的主要工作和责任，而法律审查的主体和责任理所当然应当由法律部门和人员承担。

制度审查主要包括以下方面：

- 是否列入年度制度制订工作计划或者补充计划；
- 送审材料是否齐全，内容是否完整；
- 制度内容是否具备合规性、合理性、可行性和可操作性；
- 制度内容是否具备严密的逻辑性；
- 制度表述是否精确和规范；
- 是否按照要求广泛征求各方意见，并充分采纳相关意见、协调正确处理主要争议；
- 需要审查的其他内容。

合规部门可以根据审查需要，要求起草部门介绍有关情况或提供有关资料。

秘诀 224 制度审查与制度编写在工作量上有很大不同：制度审查是基于国家法规及审查人员的专业知识对制度中存在的问题，以更正、注释、提问、评述等方式提出疑问、说明、提醒、建议、警告等，但并不提供完整的解决方案或对制度进行全面修改。

16.2 合规审查步骤

制度送审稿经起草部门主要负责人签署报送合规部门进行审查。制度的起草部门为两个或者两个以上的，制度送审稿经各起草部门主要负责人会签后，由主要起草部门负责报送合规部门审查。

16.2.1 送交合规部门审查的材料

制度送审稿报送合规部门审查的，起草部门应当提交下列纸质材料及其电子版：

- 提请合规部门审查的公函；
- 制度送审稿；
- 制度起草说明；
- 涉及的国家法规和其他规范性文件清单；
- 涉及的本公司现行有效制度文件清单；
- 征求意见及采纳情况说明（可并入起草说明）；
- 制度审核呈报表。

如有调查研究报告，应当一并提交。

16.2.2 制度送审稿审查时间

合规部门收到送审稿后，单个制度应在十五个工作日内完成审查，并出具书面审查意见。如果送审稿包含多个关联制度的，审查时限可以适当延长。

16.2.3 合规部门缓办或者退回制度送审稿的情形

制度送审稿有下列情形之一的，合规部门可以缓办或者退回送审稿至起草部门：

- 未列入年度制度制订工作计划或者补充计划的；
- 送审材料或制度内容存在重大遗漏的；
- 严重违反国家法规有关合规义务的；
- 与现行制度内容存在重大冲突的；
- 制定制度的基本条件尚不成熟、发生重大变化，或者没有制定制度必要的；
- 主要内容严重脱离本公司管理实际，或者主要规定缺乏针对性和可执行性的；
- 未充分征求意见，未充分采纳反馈意见或者主要内容存在较大争议的；
- 条款结构和文字表述存在较大缺陷，需要全面调整或修改的；
- 认为存在应当退回的其他情形。

根据审查需要，合规部门可以要求起草部门介绍有关情况，提供有关资料。

对退回的制度送审稿，起草部门应当根据合规部门的审查意见做出相应的修改完善，并重新送审。

16.2.4　合规部门对制度送审稿的处理及起草部门的应对

在审查过程中，合规部门应当加强与起草部门的沟通，及时将意见反馈至起草部门，需要补充材料的，起草部门应及时补充。合规部门要认真研究各方意见，与起草部门协商后，指导其对制度送审稿进行修改。

合规部门在收到制度送审稿后，应出具书面审查意见。对于审查意见书中标明建议修改的意见，起草部门有权决定是否采纳；对于审查意见书中标明应当修改的意见，起草部门应当予以采纳。起草部门可视情况再次报送审查。

对制度送审稿的内容或者结构有重大修改的，合规部门应该征求起草部门意见。送审稿存在文字错误，或者文字表述不符合公司制度规范性要求的，合规部门可以对送审稿直接修改。

制度起草部门应根据合规部门的合规审查意见，修改送审稿。制度起草部门对审查意见有不同意见的，应与合规部门共同研究，就审查意见中指明的问题进一步论证。经论证仍不能达成一致的，应在提交审批时在起草说明中做出特别说明。

16.2.5 合规部门终止审查的情形

起草部门报送制度送审稿后，有下列情形之一的，合规部门应当终止审查，并按规定调整制度制订计划：

- 因监管要求等，没有制度管理必要性的；
- 公司决定终止该制度制定工作的；
- 起草部门主动提出终止该制度且该制度不属于当年制度制订计划一类项目的。

合规部门终止审查的，应当告知起草部门。

16.3 合规审查方式

秘诀225 对于起草部门报送的制度送审稿及相关材料电子文档，合规部门审查人员均应集中存放于统一的电子文件夹，同时将制度送审稿的文件另存为文件名包括起草部门名称、文件标题等信息的副本文件。任何审查均应在副本文件上进行，保留原件供日后核对之用。同时，应建立电子文档目录，便于后期工作安排、管理及检索。

秘诀226 对于起草部门的纸质制度送审稿，应复印后保留原稿，无论原稿是复印件还是原件。任何审查工作均在复印件上操作，并将所有文件一并存档管理。如果可能，可将制度送审稿转换成电子文档，并在保留原稿的基础上进行审查工作。

秘诀227 如果在制度送审稿的原稿上进行审查并出具意见，应尽可能保证原稿与审查意见稿的可识别性及阅读上的便利性，其中：电子文档可采用批注、修改的方式提交审查意见，或以改变字体颜色等方式标示修改情况，以便与原稿内容区分开来；对于纸质文档，应用校对符号在原稿上提出审查意见，意见应写在纸页空白处。如果需要，可在问题部位加注序号，并另用纸张详细写明各序号下存在的问题。

秘诀228 对于制度送审稿中表述不清或用意不明的条款，合规部门可以通过问询的方式准确理解，并提供审查意见，也可以直接在审查意见中写上该条款或措辞无法理解、语义不明等评价。

秘诀229 对于起草部门再次提交的审查制度，合规部门应关注制度送审稿针对上次审查意见的调整情况，并核对其他部分是否与上次的制度送审稿相一致，避免因忽略两次制度送审稿中个别条款的变化而导致的主观误判。审查意见分为疑问、说明、提醒、建议、警告五类，合规部门可根据制度送审稿及起草部门的需求提供意见。意见的使用如下所述：

- 审查意见中的疑问，用于标示制度中未述及、无法判断的部分，或对无法理解、比较异常的条款提出疑问；
- 审查意见中的说明，是对审查意见的依据加以描述，或以说明正确内容的方式纠正制度条款中在措辞、引用法律、引用条款等方面存在的错误；
- 审查意见中的提醒，是对明显不利于起草部门的条款，或是对制度中并未提供的条款，以提请注意的方式要求起草部门关注其重要性；
- 审查意见中的建议，是以简短的表述提交制度以外新的方案、思路等，以优化原制度中的方案或表述方式，供起草部门参考；

- 审查意见中的警告，是提醒起草部门制度中存在重大不利情况或重大法律风险，提示起草部门高度重视。

秘诀230 合规部门在制度审查过程中应勤勉尽责，努力发现并提示起草部门制度中存在的各类风险及错误。

秘诀231 合规部门审查制度的范围包括但不仅限于制度条款本身，除既有条款外，还应充分注意根据制度性质或管理目的应予规定而未予规定的内容，或足以影响公司重大权益的其他条款规定不明、冲突等情况。

秘诀232 制度中的管理职责、管理内容、权利与义务、行为结果等规定总体上属于管理条款，应提醒起草部门自行确定。但合规部门应当注意各类管理条款中影响管理责任后果的规定，尤其是对公司不利的情况以及涉及管理责任的识别与追究的内容。

秘诀233 合规部门提供的审查意见必须依据法律法规及事实，不得主观臆断妄下结论，在结合制度管理目的、制度其他条款并全面理解制度条款的含义后，方可反馈审查意见。

秘诀234 除非上司另有要求，一般情况下合规部门仅对制度送审稿进行审查，不负责审查该制度所涉及业务本身的合规性或进行专项调查，但可以提醒部门注意相关问题。

秘诀235 合规部门应对司法解释、权威案例、审判机关在制度理解方面的主流观点持续关注，并在制度审查工作中坚持审慎原则，对可能导致企业被处罚的条款及时提出警示。

16.4 合规审查内容

秘诀236 合规性是制度制定的依据、权限、程序、内容要遵守国家法规、社会公德、商业道德，避免公司遭受法律制裁或监管处罚、重大财务损失或声誉损失。主要审查制度规定的合规义务是否充分转化，对应条款是否是简单重复原文的规定，是否规避了国家法规的禁止性规定，是否与国家法规的强制性规定存在冲突。

秘诀237 合理性意味着制度设定的管理目的应当清楚，管理内容应当具有针对性，管理措施可以重复使用而且无可替代，执行效果可预测，并达到可预见到的最佳效果。合规部门可以根据公司的行业性质、管理特性、员工情况等，审查制度对于容易发生的风险是否已经设定合理性条款。

秘诀238 可行性是所有管理措施在现有条件下是可以实施的，从公司经营规模、业务范围、竞争状况、风险水平和管理沟通等出发，并与员工的执行能力相匹配，符合企业文化和社会环境，或者所需的条件是在一定的时间内可创造的，不存在事实障碍。

合规部门审查制度时，应注意制度送审稿是否由于管理措施的可操作性不足而导致风险。主要包括：

- 内容范围是否明确、具体，以及是否可以识别、衡量并可以执行；
- 各阶段应执行的内容、先后顺序、时限等规定是否明确、具体，相关的权利义务归属是否明确；
- 管理措施既要有定性要求，又要有定量要求，要有利于考核与监督；
- 不能执行的条款，或者抽象、笼统、含糊的条款不写；
- 制度如有附件，其内容是否明确具体、是否与制度正文冲突，以及制度中是否已规定冲突解释顺序。

合规部门审查制度时，还应注意制度送审稿是否由于逻辑思维的严谨性不足而导致风险。主要包括：

- 对于具体权利义务的列举，是否由于严谨性不足而存在产生较大争议的可能性，或制度中未对这种可能的情况规定判断标准和解决方法；
- 是否存在由于术语或关键词不统一而造成的条款冲突，或由于表述不一致而影响权利义务的明确性；

- 对于制度禁止的行为，是否具有相应的违约责任条款，以及类似的缺乏相应条款配合的制度条款；
- 对于篇幅较长的制度，或内容较为复杂的制度，应注意某些概念可能由于使用场合的不同而发生内涵及外延的变化，避免由此引起的权利义务变化。

秘诀239 统一性是表达方式始终要统一：同一制度中的名词、术语、符号、代号前后保持一致；相关制度中的名词、术语、符号、代号也要一致；同一名词或术语始终用来表达同一个概念，同一个概念应始终采用同一名词或术语。

秘诀240 协调性是研究现行类似或关联制度，避免新制定或修改的制度与现行制度在内容上冲突、遗漏、重复，公司及子公司各层级、各类别制度要相互衔接，形成统一、有效的整体。

秘诀241 简明性是制度内容和形式要简化，管理流程上要消除不必要的环节和层级，合并重复的环节和层级，或者重新安排工作顺序和步骤；在表达准确的前提下，尽量压缩制度的篇幅。

秘诀242 规范性是制度结构体例科学、完整，条款内在逻辑严密，语言简洁、准确；使用文字或者文字加示例、图形、表格、数值、公式、化学分子式、计量单位、符号、代号等进行表述。

秘诀243 易用性是制度内容能够符合员工的使用习惯与需求，不使用生僻词或地方俗语，尽量使用大众化的语言，不需要专业人员的解释、连环查阅相关文件、复杂的推理计算，员工在阅读过程中不会产生障碍或感到压力。

16.5　提出审查意见

秘诀 244 任何情况下，合规部门所提交的审查意见必须是观点明确、文字通顺、法律依据充分的正式结论，不应留有法律或表述方面的任何瑕疵，也不应存在任何不符合审查要求的情况。

秘诀 245 合规部门在提交工作成果时，应以适当的方式提醒起草部门，合规部门的审查意见仅对制度送审稿负责、供起草部门参考，制度执行过程中的事务及风险由起草部门自行把握。

秘诀 246 合规部门应按照工作要求提出审查意见，对制度送审稿中存在的问题客观、文明地加以评述。

秘诀 247 对于篇幅较短的制度、关系较为简单的制度或者影响比较微小的制度，合规部门可以直接在制度送审稿的复印件上手写审查意见，或者直接在制度送审稿电子文档的副本上批注审查意见。

秘诀 248 对于篇幅较长的制度、关系较为复杂的制度或者影响比较重大的制度，合规部门应当提出总体性审查评述意见，并指明制度是否有效，指出必须修改或关注的条款等，便于起草部门做出决策或调整。

秘诀 249 合规部门应完整保留审查意见、制度送审稿、附属资料等，以便积累工作经验及事后查验。同时，必须严格按照公司规定保管业务档案。

秘诀 250 合规部门应关注起草部门对其审查意见的采纳情况，通过收集反馈结果不断提高对于制度的理解和审查能力。

第17章 制度审批、审议与发布

制度审批、审议与发布是制度发生效力的关键。本章重点介绍制度审批、审议步骤和发布方式。

17.1 决策权限的归属

公司制是现代企业制度的有效组织形式。《中华人民共和国公司法》对“董事会职权”和“经理职权”分别做出规定，董事会制定公司的基本管理制度，经理制定公司的具体规章，并未规定基本管理制度和具体规章的区别，建议公司在制定《公司章程》或议事规则等法人治理制度时，对基本管理制度和具体规章内容进行明确界定。

秘诀251 值得注意的是，通常我们所说的公司管理制度，一般不包括党群工团组织层面的管理制度。然而，在实践中，尤其在国有企业公司治理运作中，为便于企业制度的统一规范管理，国有企业往往将党群团组织层面的管理制度纳入公司管理制度范畴。这种情况下，党群工团组织层面的基本管理制度应由党委会等组织机构制定，组织主要负责人签发；党群工团组织层面的具体规章由组织主要负责人或组织主要负责人授权相关分管负责人组织制定和签发。

秘诀252 起草部门收到审查意见后，应该认真修改制度送审稿，及时形成制度草案、起草说明、依据表或者对照表。草案说明应当补充与有关部门、所属企业的协调情况等。经起草部门主要负责人签署后，提请公司审批或者审议。

秘诀 253 制度草案应当提交本公司股东大会、董事会、董事会专业委员会或管理层，审批通过后再发布。在国有企业公司治理运作中，按照国企改革要求，涉及“三重一大”决策的制度，需提交党委会先行讨论，再提交董事会决定；涉及党委委员权责的具体制度，需提交党委会先行讨论，再提交总经理办公会决定。

秘诀 254 依照监管规定应当报送政府监管部门的制度，起草部门应在完成公司内部审批或者审议后将制度提交政府监管部门审查、批准或者备案，然后再发布。

秘诀 255 根据国家法规和公司章程的规定，由股东大会、董事会制定的制度，分别由股东大会、董事会按公司章程及议事规则审议。董事会各专业委员会根据董事会的授权按其议事规则审议制度。

秘诀 256 一般来说，制造业企业涉及各业务领域综合性公司制度和涉及投资、融资、资金、股权、人事、对外交易、关联交易、安全环保等方面的重大专项公司制度，由总经理办公会审议；公司其他制度，由总经理授权主管领导组织审议。前款规定应当由总经理办公会审议公司制度，因特殊原因不能召开总经理办公会的，总经理可以决定通过传签方式审议。

秘诀 257 本公司总经理负责审批具体经营管理活动的制度、公司其他章程以及董事会授权其审批的制度。

公司总经理授权的高级管理人员及管理层各委员会根据本公司总经理授权在职责范围内审批制度。管理层各委员会审批制度应按其议事规则进行，并由主席或主席授权人签发。

秘诀 258 公司管理层提交董事会及董事会专业委员会审批的制度，应经总经理或总经理授权的高级管理人员签署。

秘诀 259 公司管理层负责审议重大经营管理活动的制度及其他职权范围内的制度。

17.2 决策者的审批过程

审批是由决策者单独做出决定，或者决策者根据领导分工依次做出决定。根据决策权限不同，决策者可能是董事长，也可能是总经理，或者是分管制度所涉及业务的其他公司领导。整个审批流程可以分为四个阶段。首先，决策者浏览制度，建立起对制度草案的基本印象；其次，他们会搜索感兴趣的关键词或重点内容，如果他们被内容吸引，则将仔细阅读制度；最后，如果整个内容超乎预期，就可以做出审批决定。

17.2.1 提交阶段

制度草案与决策者的距离：3 米以外。此时，制度堆在很多文件中，除非秘书特别指明、制度外观特别抢眼或决策者事先已被告知，否则就要等到决策者有空时，制度才会被翻阅。

17.2.2 扫描阶段

制度草案与决策者的距离：浏览距离（50 厘米）。决策者会随兴翻阅起草说明，看看制度主题、各章节重点、主要想法，看看内容是否有趣，然后判断是否值得进一步阅读。

17.2.3 专注阶段

制度草案与决策者的距离：正常阅读距离（35 厘米）。如果能引起决策者的兴趣，决策者就会从头开始阅读起草说明，了解制度制定的来龙去脉，反复思考制度草案重点内容，以进行决策评估。

17.2.4 认同阶段

制度草案与决策者的距离：心理距离（0 厘米）。认同制度草案内容，采取后续行动，如将制度草案转交公司其他领导传签、建议修改制度草案部分内容、进行更进一步的说明等。

17.3 组织审议会议

审议制度应当以会议方式，并参照以下程序进行。

第一，起草部门应当在制度审议前两个工作日，将制度送审稿和起草说明送达全体与会人员。

第二，总经理办公会由总经理或总经理授权的副总经理主持，集团公司领导及有关部门主要负责人参加；起草部门主要负责人应当就公司制度起草情况做出说明，并宣读公司制度送审稿；制度管理部门主要负责人应当对审核情况做补充说明。

第三，经与会人员充分审议，总经理或主持会议的副总经理做出审议决定；审议情况由办公室负责记录并形成会议纪要。

除需要提交董事会、监事会审议的制度外，在前期论证和审核比较充分、内容没有分歧的情况下，经合规部门同意，制度可以采用书面传签的方式审议制度。

秘诀260 制度经审议通过或原则通过的，起草部门应当按照审议意见修改完善制度，由制度管理部门和有关部门审核会签后，报总经理签署颁发（总经理授权主管领导组织审议的报该主管领导签署颁发）。

制度草案经审议，认为需要进一步深入研究论证的，起草部门应当按审议意见深入论证，修改完善后重新申请审议。

审议决定撤销或废止的制度，由制度管理部门办理撤销或废止手续。

秘诀261 会议列席人员的意见应当代表本单位意见，原则上不应当重复本单位意见或者发表与本单位此前最终书面意见不一致的意见。

制度送审稿或者制度草案已经协调并达成一致意见的，相关单位原则上不得发表与原协调意见不一致的意见。确有必要的，应当于会前充分说明理由。

秘诀262 制度送审稿经公司审议决定通过的，由起草部门提请董事长签署下发通知。

制度送审稿经公司审议决定原则通过的，起草部门应当会同有关部门根据审议意见修改完善，再提请董事长签署下发通知。

制度送审稿经公司审议决定不予通过或者暂不做出决定的，起草部门根据审议意见进行处理。

值得注意的是，提请董事长签署制度时，起草部门应当向公文管理部门报送以下材料：

- 起草部门提请签发制度的请示；
- 正式文件的清样稿；
- 制度草案经公司审议决定原则通过的，还应当报送制度草案修改对照稿文本及其说明；
- 公司要求报送的其他材料。

17.4 汇报要精彩

终于要汇报成果了，要将制度草案呈现给他人了。在众多领导面前，汇报者可能会因为紧张而语速过快，或中途忘词，或头脑一片空白等。事实上，事先做好充分准备，并在汇报过程中运用少许技巧，完全可以避免这类情况的发生。

秘诀263 汇报前对着镜子整理仪表。汇报前，要做好这些事：仔细照照镜子，检查自己的仪表，整理好头发和领带，然后面对镜子笑一笑。

英国前首相丘吉尔，据说随身携带小镜子，就是为了练习笑容。

秘诀 264 战胜权威恐惧症。上司一出差你就高兴，上司每次叫你到办公室你都忐忑，这就是所谓的权威恐惧症。其实，每个人都是有所能而有所不能的，找到自己最擅长的那一点，使之最大化，你会备感轻松，面对领导汇报时，就不会心虚了。

秘诀 265 目视众人，以洪亮的声音说话。开口的第一声非常重要，只要一开始大声说出，后面也会声音大，自然就会吸引大家的注意力。此外，视线不可离开听众，要巡视每一位听众的眼睛，并要注意他们的反应或设法引起反应，以此产生共鸣。

秘诀 266 不要事先发送材料。事先发送汇报资料，上司可能自行解读资料，不利于汇报工作的开展。不妨事先给上司布置几项作业，借此机会让其考虑哪些设计方案可行，汇报资料还是在汇报当天交给上司比较好。

秘诀 267 与语言流畅相比，内容易懂更重要。汇报者需要做的是制作简单易懂的资料，并根据听众的反馈随时口头补充内容。最重要的不是演讲的流畅度，而是说明的顺序和内容的易懂性。

秘诀 268 汇报的开头和秘诀。汇报时首先需要做的是精神饱满地问好和自我介绍。开头就给听众一个好印象，吸引听众的关注，那自然是最好的。汇报时，不要照本宣科，在理解该页主要内容后，进行简洁明了的阐述。

秘诀 269 介绍制度草案是汇报的关键部分。这个阶段，要向听众说明制度草案，就需要向听众展示草案内容。场合不同，展示的方式也不同，但不论什么方式，目的都是一样的，那就是和上司一起鉴赏草案。这样一来，上司一定会提出意见。这时请认真倾听意见，这对以后的设计是大有裨益的。

秘诀 270 聪明地和听众互动。汇报不仅要消除紧张，还要迅速转换角色，处理突发事件，接受听众的反馈。

秘诀271 事先设想反对意见，做好应答准备。不要害怕出现反对意见或质疑。在排练预演阶段，要事先设想可能出现的质疑或反对意见，并准备好回答词。汇报时，在没有反对或质疑时，还可以以自问自答的方式将准备的资料表达出来，这样可以提升汇报效果。如果遇到无法回答的问题，要坦然相告："关于此问题，目前无法给予答复，汇报会后立即进行了解或研究，几日后再补充说明。"不要用含糊的词语来掩饰问题或用外交辞令来逃避问题。

秘诀272 运用视觉辅助手段。在给大家做展示的时候，是用幻灯片好呢，还是用白板好呢？经常有朋友向我询问这样的问题。我的回答是，两者各有长处和短处，应该根据自己的目的做出选择。或者，以播放PPT幻灯片为主，辅以白板展示。当我们在一块空白的板子上写字时，不管写的内容是什么，一定会引起大家的注意。无论以什么样的方式汇报，请记住：汇报者才是汇报的中心，不是这些辅助工具。

17.5 制度公开发布方式

制度应当以通知形式发布，载明该制度的名称、版本、通过日期、发布日期、施行日期以及实施要求和公开范围。具体制定的制度作为该通知的附件。

制度发文字号的使用按照公司公文管理的要求执行。以专有文号发布制度有以下原因：一是能够有效区分制度性文件与非制度性文件，使文件效力更为明确，便于所属公司学习、执行，便于合规、审计等条线更为有效地实施监督；二是有效控制制度发布程序，对于违反程序的制度能够经过公司办公室的审核做出甄别；三是便于制度的统计、汇总和查找。

秘诀273 制度不得涉及国家秘密和公司商业秘密。如果确有必要涉及国家秘密和公司商业秘密的，应当按照保密相关规定进行管理，标明密级和期限，严格控制发布范围。

秘诀274 公布，就是公开发布、令人周知的意思。制度的公布，是制定制度活动的最后一道程序，也是制度发生效力的必备条件，因为未经公布的制度对员工是不产生效力的。因此，制度的公布有着重要意义。

秘诀275 需要注意的是，实践中，一些公司和子公司在公布制度方面还存在不少问题。比如：有的部门和所属企业采取下发文件的形式公布制度；有的部门和所属企业对通过的制度不予公布，而是下发通知“内部掌握”，广大员工无从查阅制度内容，何以谈得上遵守呢？这种状况要切实改变。制度的发布方式很多，不但可以作为公司文件留存，还可以张贴或悬挂在工作现场，便于员工互相提醒和监督。实践中可以采取的制度发布方式包括以下几种。

第一种是张贴公布，即将制度张贴在员工容易看到的地方，如公告宣传栏、单位进出门口、宿舍和饭堂门口等。这是较早或较传统的公示方法。优点是无须召集员工开会学习，还可以节省印刷费用，公示成本低且容易操作。缺点是有的公司制度太多，且因为需要长期张贴，公司可能没有足够的空间张贴，或者有的制度的内容需要保密，不宜让员工之外的其他人看到。

第二种是印发员工。企业可根据需要制作一份专门的《员工手册》，发放给每个员工，并在最后一页附注《员工接受书》，具体内容如下：“本人确认已阅读了由 ×× 年 ×× 日起生效的公司《×× 办法》，清楚了解制度的全部内容，并同意接受此制度的要求。”员工需签上本人姓名和日期。将制度印成册子发给员工，优点是公司通过印发制度并让员工签收，容易举证制度已经公示，且便于员工随时查阅学习。缺点是印刷成本高，且如需修改，原印刷品作废，造成浪费。

第三种是文件传阅。将制度以文件的形式发给员工传阅。优点是员工阅读后签字，容易举证制度已经公示。缺点是该方法只适合员工少的公司，如果公司员工成千上万，该方式无法施行。

第四种是培训学习，即通过开会学习或培训的方式告知员工。优点是参加会议的人员签到，容易证明制度已经公示，且节省印刷成本。缺点是有的公司人数多，甚至分散在全国各地，召集开会学习耽误时间，也难操作。此外，这种方式还不便于员工随时了解制度的内容。

第五种是网络公示。一般在公司的内部网站上发布，员工可以随时上网查阅。优点是快捷、保密、环保、节省大量印刷成本；缺点是并非每名员工都有上网查阅的条件，而且网络信息能否作为劳动仲裁和诉讼中的证据使用还有争议，我国现行《民事诉讼法》并未将网络信息明确为证据。因此，公司较难举证已经公示，有的公司只好通过公证的方式进行举证，但这样会增加举证成本。

秘诀276 公司制定、修改或者废止直接涉及员工切身利益的制度时，应当经员工代表大会或者全体员工讨论，提出方案和意见，与工会或者员工代表平等协商确定后发布。公司应当将直接涉及员工切身利益的制度公示，或者告知员工，各级公司人力资源部门应当妥善保存公示或者告知的原始凭证。

秘诀277 寻求最佳公示方式。司法解释和《劳动合同法》虽然都将公示规定为公司制度的生效要件，但对如何公示并未做出具体规定。实践中，企业应根据自己的特点，选择适合公司的最佳公示方式，以达到使所有人员熟知企业制度的目的，减少由于对公司制度不熟悉而导致的争议。

秘诀278 保留公示证据。制度在公示的过程中，公司还应该注意保存公示证据。在劳动仲裁中，如果公司无法证明制度已向员工公示，该制度是不能作为劳动仲裁的有效依据的。一般来说，上述制度发布方式都能够达到一定程度的制度传播和告知员工的目的，但是，就法律角度而言，公告栏张贴、电子邮件、网站发布三种制度发布方式存在一个共同的问题，就是收集证据很难，以至于发生劳资纠纷时无法举证。因此，公司选择制度发布方式时，应尽量采用其他发布方式。

秘诀 279 制度发布后，起草部门应当在十个工作日内将制度向合规部门备案。下级公司应在每年年初向上级公司制度管理部门备案上一年度本级公司制定、修改的制度，以及本级公司现行有效制度清单。

秘诀 280 制度发布后，合规部门应当根据监管要求及时披露。例如，证券评级机构应当自完成证券评级业务备案之日起 20 个工作日内，通过中国证券业协会网站和公司网站披露评级业务制度、保证评级质量的内部控制制度。以上内容发生变更的，应当在 10 个工作日内披露变更后的情况、变更原因和对已评级项目的影响。

第18章　制度执行与维护

制度发布了，是不是就一劳永逸了呢？答案是否定的。制度发布之后，接下来最重要的工作就是制度的培训宣贯。缺少了培训宣贯环节，制度只能流于形式，无法发挥其应有的作用。制度发布后经营环境会变化，管理需求会变化，同时也会出现一些制定制度时无法预料的情形，还要为这一新制度建立一套流程维护制度，实现新制度的持续改进，使之适应不断变化的外部环境的要求。

18.1　制度宣贯

制度建立的最终目的是执行，在“颁布”与“执行”之间，最重要的一个过程就是制度的宣贯。只有企业将制度内容告知，详细说明制度条款背后的操作要点、注意事项等，员工才能有效执行。

18.1.1　制度宣贯形式

现场宣贯形式，召开制度化培训会议，通过现场讲解、交流、答疑的形式开展制度的分享和传播，促使抽象的理念具体化、形象化，才能使员工全面理解制度，从而使制度理念潜移默化地进入他们的主观意识。

电子课程在线学习。通过在线学习网站、微信公众号等形式，利用录音录像、制度化的课件等进行制度培训。这些方式可以为员工提供持久的学习资源。此外，还可以设置制度专栏，宣传制度发布、制度文本、制度修改与解释、制度征求意见等类别的内容。

企业杂志等形式。企业可创办制度化类杂志，普及和宣贯制度，提高企业全体员工的制度化意识，培养员工的制度生活理念，还可以设置制度化动态、热点关注、制度化大讲堂、专家点评等栏目。

宣传画报形式。宣传画报、宣传标志等也是制度化意识教育的一种重要方式，具有直观、醒目、印象深刻等特点。企业还可以拍摄特定的制度化宣传视频、专题片对制度进行专题宣传。

18.1.2　制度宣贯工作的步骤

制度宣贯工作是一项系统性工作，通常步骤如下所述。

- 根据不同制度宣贯的具体要求，合理制定制度宣贯实施方案；
- 首先协同办公平台发布制度，确定相关责任部门、责任人，并要求责任人在规定时间内提报宣贯落实计划；
- 制度责任部门、责任人要通知本制度涉及的人员，并提出针对制度学习的具体要求；
- 对于不需要集中宣贯的制度，责任部门要督促各涉及的具体人员学习，并严格按照要求执行，如有问题或建议及时沟通；
- 对于需要集中宣贯的制度，由责任部门、责任人提报需要参训的具体人员、培训时间和地点等，形成具体的宣贯计划，提报综合管理部门安排培训；
- 为了进一步落实确认制度的宣贯培训效果，综合管理部门要抽查制度涉及的具体人员，检查内容包括：是否了解该制度，是否按照具体要求去做，是否按照制度的要求形成表单、数据、记录等输出物，等等；
- 宣贯一些重要的制度内容时，最好有高层管理人员参与，以便引起相关人员的重视；

- 制度管理部门的工作人员，在参与制度宣贯时，要对宣贯的内容再次强调，并明确未来检查的标准，以便督促制度的有效执行。

18.2 制度培训

制度不但要宣贯到位，而且要使管理对象理解制度到位，这就需要建立和完善企业制度的培训职能。通过内部培训的方式，对公司制度进行讲解，既有助于员工深入了解制度，也有助于企业深入了解员工对制度的看法和意见，有利于制度的贯彻落实。

秘诀281 制度发布的有关文件中应载明联系人、负责执行部门及员工的反馈和咨询，并根据各方面的反馈意见，按本办法规定开展制度维护工作。

秘诀282 公司和所属企业应当将制度培训纳入年度培训计划作为员工入职培训、业务培训的内容。对直接涉及员工切身利益的制度，培训后员工应当签字确认，声明其将遵守制度并承担违反制度的后果。

秘诀283 制度发布后，起草部门应根据制度的复杂程度决定是否组织必要的培训，就制度的目的、内容、适用、管理及操作要点、风险控制等问题进行说明，使相关岗位人员掌握制度内容。培训情况应向制度管理部门反馈。

关于制度培训，此处介绍两个理论。

第一，热炉法则与惩处原则。热炉法则一般指热炉效应，指组织中任何人触犯规章制度都要受到处罚。热炉法则源自西方管理学家提出的惩罚原则，由于触摸热炉与实行惩罚之间有许多相似之处而得名。“热炉”形象地说明了惩处原则：一是即刻性，人一碰到热火炉时，立即会被烫伤；二是预先示警性，火炉是烧红摆在那里的，人知道碰触则会被烫；三是适用于任何人，火炉对人不分贵贱亲疏，一律平等；四是彻底贯彻性，火炉对人绝对“说到做到”，不是吓唬人的。

第二，破窗理论与遵守制度。美国斯坦福大学心理学家詹巴斗曾做这样一项试验。他找来两辆一模一样的汽车，一辆停在比较杂乱的街区，一辆停在中产阶级社区。他把停在杂乱街区的那一辆车的车牌摘掉，顶棚打开，结果一天之内车就被人偷走了。停在中产阶级社区的那一辆车过了一个星期仍安然无恙。后来，詹巴斗用锤子把这辆车的玻璃敲了个大洞，结果，仅仅过了几个小时，它就不见了。后来，政治学家威尔逊和犯罪学家凯琳依托这项试验，提出了“破窗理论”。这一理论认为：如果有人打坏了一个建筑物的窗户，而这扇窗户又未得到及时维修，别人就可能受到暗示去打烂更多的窗户，久而久之，这些破窗户就给人无序的感觉。那么在这种氛围中，犯罪就会滋生、蔓延。“破窗理论”在社会管理和企业管理中都有着重要的借鉴意义，它给我们的启示是：必须及时修好第一个被打破的窗户玻璃，营造出舒适有序的工作氛围。在这种积极暗示下，久而久之，人人都遵守制度和规则，认真工作。

18.3　咨询与解释

制度的执行部门可以向起草部门提出咨询，起草部门应当及时答复。下级公司可以向制定制度的上级公司提出咨询，上级合规部门负责组织有关部门研究拟定答复意见。

秘诀 284 在制度执行过程中，规定不清晰导致不同执行主体对制度理解不一致而引发争议的，如在内部审计或合规检查中遭受处罚，对所援引的制度存在不同理解，引起争议，可以适用争议解决机制。制度执行过程中产生争议，由制度管理部门统一受理，提请分管制度管理工作的高级管理人员召集相关职能部门提出初步裁定意见，由起草部门统一受理并予以裁定，必要时可与同级其他部门、起草部门会商后做出裁定。

秘诀285 制度有下列情形之一的，由起草部门负责解释：

- 制度的规定需要进一步明确具体含义的；
- 制度制定后出现新的情况，需要明确适用制度依据的。

制度的解释同制度具有同等效力。这是由制度解释本身的性质所决定的。本条规定的制度解释，是对制度的细化和补充，是参照制度制定程序进行的，本质上是制度制定活动的延伸，属于制定性解释，应当与制度具有同等效力。

秘诀286 制度执行部门或所属企业认为制度需要解释的，应以本单位名义逐级向起草部门提出解释制度的书面申请。申请应当明确请求解释的具体条款、原因和对相关事项的意见。起草部门收到申请后应认真研究，及时做出应予解释或不予解释的决定，并回复申请单位。起草部门决定不予解释的，应同时说明理由。起草部门也可以主动解释制度。

秘诀287 起草部门负责解释制度是由解释权的性质决定的，制度解释属于制度制定活动的延伸，解释权是从制定权派生出来的，有权制定制度，当然就有权解释该制度。客观地讲，没有比起草部门自身更了解制定制度时的背景和意图的了，也只有起草部门更了解设计制度的意图，对条款的问题做出解答和说明。

秘诀288 制度解释的目的在于使制度更加明确清晰，便于执行，有效促进企业业务发展。解释制度时可以考虑使用以下方式。

- 文法解释：对制度条款的语法结构、文字和标点符号等进行分析，以便阐明制度内容和含义；
- 逻辑解释：采用形式逻辑的方法分析制度结构，以求确切理解制度；
- 系统解释：分析某一制度在整个制度体系和所属制度板块中的地

位和作用，揭示其内容和含义；

- 历史解释：通过对制度制定的时间、地点、条件等历史背景材料的研究，阐明制度的内容和含义；
- 目的解释：从制定某一制度的目的来解释。

上述方法，有时是独立使用的，有时是综合使用的，而且在制度解释过程中要衡量风险，判断价值，并且考虑制度执行环境，紧紧围绕解释目的开展工作。

秘诀 289 把握解释与修改的界限。实践中解释与修改的原则是：凡是可以不改变原来制度规定，通过解释可以明确具体含义，不影响工作的，一般采用制度解释的办法，而不修改制度；对于涉及的问题，从性质上看应当修改制度，但是，由于问题比较具体，涉及面也不大，暂时还难以提上日程，也可以考虑先对制度进行解释，待时机和条件更成熟时再修改。

秘诀 290 制度的解释、修改和废止，按照制定该制度时的权限和流程办理。报送制度解释、修改、废止的草案时，相关说明可以参照起草说明内容。

18.4　制度评估

制度评估是在制度实施一段时间后，对制度的执行情况和实施效果进行跟踪调查和综合评估，是对制度的“回头看”，为制度的持续改进提供依据。

秘诀 291 制度评估实行年度定期评估与不定期评估，可以对制度进行整体评估，也可以对其中某一项或者几项制度进行评估。制度有下列情形之一的，应当进行评估：

- 新出台相关国家法规或者政策，可能对制度的主要内容产生影响的；
- 与制度所调整的事项相关的经营环境和业务情况已经发生较大变化的；
- 在制度实施过程中，员工对制度科学性、合理性、可操作性等方面存在较大争议、反映问题比较突出的；
- 内外部检查发现问题较多的；
- 其他需要进行评估的情形。

秘诀 292 职能部门每年应对其管理的制度进行一次定期评估，其他单位按照各自的工作职责，对评估工作给予协助和配合。

职能部门在每年的 12 月末前向本级公司合规部门报告制度评估情况，并根据评估结论拟定制度修改、废止或制定新制度的计划。分公司合规部门应在每年 12 月末之前向总部合规部门报告辖内机构制度评估情况。

秘诀 293 职能部对制度进行评估时应考虑执行制度的部门和所属企业报告的问题和建议、合规部门的检查意见、审计部门审计意见及外部监管意见。

秘诀 294 执行制度的单位发现制度存在缺乏可操作性、不符合业务发展或经营管理需要、有违规或法律风险、与现行制度重复或冲突等问题的，应立即报告制度的职能部门及其同级合规部门，并提出修改、废止或制定新的制度的建议。职能部门应当认真分析报告的问题和建议，及时修改、废止或制定新制度，并保存好处理过程的相关书面记录，合规部门应对处理情况进行检查和监督。

秘诀 295 制度评价应当遵循的标准，主要内容如下：

- 制度的合规性，是制度应当符合适用于国家法规及其他规范性文件、经营规则、自律性组织的行业准则、行为守则和职业操守；

- 制度能够满足客户不断发展变化的金融需求，能够真正促进业务规范地、有效地发展，提高业务经营效率；
- 制度中的管理机制、措施是必需的，是必备的，而且能够切实起到防范风险的作用；
- 制度提出的目标、要求、管理措施等没有过高、过严，能够得到有效落实；
- 与现行制度相衔接；
- 其他适当的评价标准，主要是根据评价制度的特殊性确定，如在评估房地产方面的制度时应考虑当前国家政策、市场经营环境等。

秘诀 296 评估单位应当根据制度的管理目的，对已施行制度的合法性、合理性、可操作性、协调性、规范性和实效性以及与国家法规及本公司相关制度是否协调匹配等提出意见，评估完成后应当形成制度实施评估报告。

秘诀 297 评估工作开始前，应当结合被评估制度的特点制定立法后评估工作方案。评估工作方案应当包括：评估目的、评估对象、评估内容、评估方式、评估步骤、职责分工、时间安排、保障措施等。

秘诀 298 评估可以采取部门自评、听取汇报、座谈会、论证会、听证会、实地考察、专家咨询、专题调研、问卷调查等方式，广泛听取意见建议。

秘诀 299 制度评估的信息可以通过以下途径获取：

- 外部监管部门对本公司进行监管、审计、检查提出的整改意见、建议；
- 内部审计、检查报告提出的问题、建议；
- 反映制度存在缺陷的客户投诉意见；
- 员工对制度的反馈意见；
- 各类经济纠纷或经济、刑事案件分析中反映出的制度漏洞；
- 实地调研、调查或评估问卷等方式收集的评估意见、建议；

- 内部办公网络等其他适当的途径。

秘诀300 公司各职能部门和所属企业要确保评价结果的有效转化：一是根据评估结果报告，制度管理部门应确定整改思路和方案，报公司领导审定后执行；二是做好任务要求分解工作，明确主办、承办、时限等事项，同时做好评估报告的解释工作；三是做好立项管理工作，区别轻重缓急将评价结果纳入制度年度立项计划，对问题反映突出、时限要求紧迫的，也可以本年度临时立项，补充完善现行制度，或做出意见、批复等临时性制度安排；四是要做好跟踪监督，关注整改情况；五是做好制度管理考核工作。

18.5 修改与废止

很多公司认为，制度应是完美的，其实这是一种误解。世界上没有完美的人，没有完美的企业，同样没有完美的制度。所谓优秀的制度，确切地说，是适合本企业的制度，是合理的、趋于完善的。也就是说，把苹果公司的制度照搬到其他公司，不一定就能发挥出应有的作用，原因是它可能与企业实际情况不符。公司制度要不断调整以适应公司经营的内外部环境的变化。

起草部门关注制度执行中各方面的意见和情况，对出现需要立即修改或废止的制度应立即启动相关程序。当发生机构调整或部门职责变化，原起草部门撤销或不再对制度规范事项负责时，承继相应职能的部门为制度维护部门，负责制度的修改或废止。如果两个或多个职能部门均负有管理职责，则由制度管理部门确定维护部门。

同时，制度管理部门也可以根据实际情况向起草部门提出修改或废止制度建议，起草部门应当采纳；不予采纳的，应当说明理由。对未采纳建议，制度管理部门认为应当修改或废止的，可继续向公司管理层提出建议。

切记，出现下列情形之一时，应修改相应的制度：

- 制度的部分内容与国家法规，包括新出台、新修改的国家法规存在一般性冲突；
- 制度的部分内容与上级公司制定的制度存在一般性冲突；
- 经营环境发生变化、业务发展或者其他原因，导致制度不再符合经营管理需要；
- 上级公司修改制度，导致下级公司的制度与上级公司的规定不完全符合；
- 上级公司要求下级公司修改制度；
- 基于其他经营管理需要。

秘诀 301 修改制度参照制定程序进行，按照原审批层次进行审批。修改的制度应当送合规部门进行审查，审查程序适用前述规定。修改制度应使用公司发文形式。修改制度的发文应明确指出被修改的制度名称、条款以及修改后的条款，并重新颁布修改后的制度版本。

秘诀 302 公司修改制度或者提请董事会或者股东会修改制度的程序，公司有规定的，适用公司规定；公司没有规定的，适用本章程序。

秘诀 303 仅涉及制度附件的修改程序

实践中，我们会遇到对制度的附件进行部分修改的情形。附件，有附属之义，是随同主文件一同制定的一系列文件、表格的统称，主要起到方便制度执行者更好地理解和执行制度的作用，诸如在执行制度过程中必须要填写的一些表格等。

对制度附件内容的修改并不必然导致制度的实质内容变更。因此，为了突出制度的时效性并提高工作效率，对制度附件的修改，可不完全参照制度修改的程序和形式。通常制度起草部门起草通知文件，会签制度管理部门，经审批人审批同意后发布。发文时应注意对原制度名称、发文文号及本次修改的内容和原因做详细说明。

起草部门应将附件修改文件报制度管理部门备案。制度管理部门收到备案文件后，应及时更新制度数据库的相关信息。

秘诀304 制度废止是终结现行制度实施而使其失去效力和约束力的活动。有下列情形时，制度应当废止：

- 制度与国家法规，包括新出台、新修改的国家法规，有根本性冲突；
- 制度与上级公司制定的制度有根本性冲突；
- 制度的内容总体上不合理，不符合经营管理需要，且无修改必要；
- 制度所规范的经营管理内容已不存在；
- 规范经营管理内容的制度事实上已被其他制度取代；
- 上级公司制定、修改或者废止制度，导致下级公司的制度失去效力；
- 上级公司要求下级公司废止制度。

秘诀305 废止制度应经制度管理部门审查后，按照制度制定的审批层级进行审批。废止制度应使用公司发文形式。制度制定、修改时，可在制度附则以专门条款废止相关现行制度。在新的制度中废止原有制度的，不再单独履行废止程序。

18.6 制度清理

制度清理是公司对现行有效制度的特定事项是否合法、适当进行对照、审查的活动。对于制度清理可以从以下几个方面理解：

- 制度清理一般情况下是制度起草部门的专有活动，但也不排除制度管理部门直接清理；

- 制度清理的范围只限于现行制度；
- 制度清理一般是基于制度所依据的特定法律、政策发生变化，或者制度设定的事项已经不适应变化了的客观情况；
- 制度清理一般是针对一定数量的制度进行的；
- 制度清理的结果多数情况下会导致制度部分条款被修改或者整个制度被废止，因此也可以说是联系制度制定与制度修改、废止程序的一个环节。

秘诀 306 制度的全面清理工作由制度管理部门牵头组织实施，各职能部门予以协助。此外，各职能部门也可以主动发起某一板块或业务条线的自行清理工作，可以定期清理制度，如万达集团规定每两年清理制度一次。

秘诀 307 公司每年年初的制度立项工作，是在清理现有制度体系及具体制度问题的基础上，提出新设制度及修改制度的需求。做好年度立项的前提工作，本质上就是一种定期清理。

秘诀 308 公司每两年组织一次制度清理，并根据实际情况对制度做如下处理：

- 与国家法规、上级公司制度相抵触的，或者被新的上级制度所代替的制度，宣布废止；
- 适用期已过或者调整事项已不存在的，宣布失效；
- 个别条款与国家法规、上级公司制度的规定不一致或者不适当的，及时修改制度，重新发布；
- 符合国家法规和上级公司制度规定或者适当的，继续执行。

秘诀 309 公司要求进行制度全面清理或者专项清理的，制度管理部门应当根据要求拟定清理工作方案，明确清理工作的指导思想、清理原则、清理范围、职责分工、工作步骤及进度安排等内容。清理工作方案内容可以参考附录2《公司制度清理情况介绍》。

秘诀310 针对清理意见，各部门应当视情形做出如下处理：

- 制度需要废止的，按照有关废止制度的规定启动废止程序；
- 制度需要修改的，按照有关修改制度的规定启动修改程序，或者提出修改制度的制度管理项目建议书，列入下一年度制度制定计划；
- 制度数量过多，内容过于琐碎、分散，不方便员工学习和日常管理，可以合并内容有关联的制度，以此压缩制度数量，减少制度层级；
- 因情况紧急需要暂停实施制度的，建议公司做出暂停实施制度的决定；
- 制度无须废止、修改、合并或者暂停实施的，予以保留。

18.7 制度汇编

1935年，民营财团荣氏家族旗下申新第四纺织厂印发制度汇编性质的《厂规》。《厂规》共168页，分上下编装订成两大册；融汇全厂组织管理、生产管理、工资待遇、作息时间以及各种注意事项等，共739条。制度汇编是对公司制度的一次全面总结、整理与归纳，是公司制度体系建设的进一步补充与完善，为公司健全内控体系建设提供保障。

经过一定时间积累和发展的成熟型企业，制度文件繁多，整理编制的工作量比较大，因而汇编制度时，首先要对制度数量、质量进行摸底，评估工作量，然后决定如何汇编。制度汇编不是某个部门能够独立完成的，所以可遵守下列分工原则：

- 制度体系由合规部门汇编；

- 所属企业制度体系由其自行汇编；
- 条线制度体系由职能部门依照该部门职责范围汇编。

秘诀 311 汇编制度时，要保证制度汇编的质量，应当做到选材准确、内容完整和编排科学。

- 选材准确：汇编的制度必须准确无误，如果收入废止或者失效的制度，必须注明；现行制度体系不得收入废止或者失效的制度；
- 内容完整：收入制度体系的制度名称、批准或者发布机构、批准或者发布日期、施行日期、章节条款等内容应当全部编入，不得随意删减或者改动；
- 编排科学：汇编应当按照本办法的效力等级分类，按照风险管理策略目标顺序排列，这样有利于各项工作的开展。如果公司属于制造业企业，应当按照企业战略、规划、产品研发、投融资、市场运营、财务、内部审计、法律事务、人力资源、采购、加工制造、销售、物流、质量、安全生产、环境保护等顺序排列。

秘诀 312 注意制度汇编结构格式。汇编制度过程中，做好格式的规范管理。制度汇编构成项目包括以下内容（按顺序）：

- 封面，由文头、制度标题、单位及负责人、编制日期等内容组成；
- 前言中强调公司制作制度汇编的重要意义、编辑过程、收录制度的范围和截止时间、收录制度的基本类别、实施制度时的注意事项、对参与编辑员工表示感谢；
- 目录中列出制度正文的一、二级标题名称及对应页码，附录、参考文件等的对应页码；
- 正文是制度的主体部分，通常由序语（引语）、主要条款和实施要求三部分组成，其在行文上可以不明确标示。

秘诀 313 插入公司 LOGO，效果立刻不同。不论哪个公司制作的制度汇编，最重要的是有独特的风格来传递企业文化。因此，要塑造独特风格最方便的莫过于运用公司的LOGO。制度汇编一般将标题设置成页眉，只要在标题前面插入LOGO，就能使整个页面看起来更紧凑，无形中还给读者留下深刻的印象。

秘诀314 印刷与版本。制度汇编印刷出来，一定是厚厚一本，甚至几本，有没有必要印刷？有。为了方便员工培训，无印良品的操作手册有相应的纸质版本，每三个月印刷一次，还推出了英文版、中文版、韩文版的操作手册。

附录 1　项目跟随投资管理办法

第一章　总则

第一条　为了更加充分地激励震海集团公司（以下简称“集团”）项目运营团队的积极性，进一步提升获取土地的质量和项目运营效率，根据《公司法》《证券法》《公司章程》等规定，制定本办法。

第二条　本办法将项目运营效益和核心员工个人收益直接挂钩，实现收益共享、风险共担，不设本金保障和收益保证机制。

第三条　集团项目跟随投资要参照以下原则：

（一）坚持股东利益、公司利益和员工利益互相平衡，有利于上市公司的可持续发展；

（二）坚持风险与收益相一致，体现共创、共担和共享的价值观；

（三）坚持规范操作，公开透明，遵循相关法律法规的规定。

第二章　管理职责

第四条　集团投资部门是项目跟随投资的日常管理部门，具有以下职责：

（一）制订公司投资计划；

（二）对拟投资的项目进行经济分析和论证；

（三）对投资全过程进行监督管理。

第五条　震海房地产开发有限公司负责项目具体实施。

第六条　震海投资管理有限公司负责项目投后管理。

第三章　投资项目范围

第七条　投资项目为2019年6月30日之后首次开盘的项目。

第八条　投资项目涉及集团所属企业持股的项目时，需通过该公司相应审批程序。

第九条　对于集团操盘不并表的项目，应当通过项目公司相应的审批程序。

第十条　旧改项目的投资方案需报董事会批准后方可实施。

第四章　强制投资人及投资范围

第十一条　核心员工投资人分为强制投资人和自愿投资人。

第十二条　集团主管投资高管、集团投资部门负责人以及区域公司负责人，区域公司主管投资负责人、区域公司主管营销负责人、城市公司负责人、项目负责人以及项目关键人员属于强制投资人。

集团主管投资高管、集团投资部门负责人强制投资符合本办法规定的所有项目。

区域公司负责人、区域公司主管投资负责人、区域公司主管营销负责人强制投资所在区域内符合本办法规定的所有项目。

城市公司负责人强制投资所在城市符合本办法规定的所有项目。

项目负责人以及项目关键人员强制投资符合条件的该人员所在项目。

第十三条　除公司董事、监事、高级管理人员和区域负责人之外的集团正式员工，均可自愿参与项目投资。

第十四条　集团投资部门批准投资人的资格，并决定出资额度及自愿投资范围等事宜。

第十五条　董事长和总裁不在上述投资人范围内，不参与按本办法实施员工投资。

第十六条　除强制投资人、董事长及总裁以外的其他董事、监事和高级管理人员如拟投资，需经过董事会批准，且需投资符合本办法的所有项目。

第十七条 投资资金全部由投资人自行筹集。

第五章 投资方式

第十八条 核心员工通过投资有限合伙企业的方式投资项目公司股权，一个有限合伙企业投资一个项目，核心员工投资人作为有限合伙人参与投资，以其认缴的出资额为限对合伙企业债务承担责任，普通合伙人由震海投资管理有限公司，或集团指定的人士或机构担任，对合伙企业债务承担无限连带责任。

第十九条 每个投资项目中的所有核心员工投资人合计持有的项目公司股权需小于10%。有限合伙企业不能是项目公司的大股东，不参与项目管理、不向项目公司派驻董事及管理人员、不影响项目的对外合作、放弃项目公司股权的优先购买权，并需办理工商登记和验资。

第二十条 每个投资项目中的单个核心员工投资人持有的项目公司股权需小于1%。

第二十一条 投资架构可以根据国家相关法律法规，由集团投资部门适时调整。

第六章 出资管理

第二十二条 强制投资和自愿投资资金的到位时间为下列最晚时间点：在项目投资决策会后一个月内；公司支付第一笔土地出让金（保证金除外）前。

第二十三条 部分特殊项目（如旧改项目等由于土地出让的特殊安排不能适应本章），或是在本办法通过之前已获取并计划在2019年6月30日后首次开盘的项目，资金到位时间由集团投资部门决定。

第七章 退出管理

第二十四条 项目公司在偿还完所有内、外部借款、项目公司累积净现金流量为正数，并保证项目运营所需资金、充分考虑项目经营风险及项目合作方（如有）同意后，经集团投资部门批准，有限合伙企业可以根据股权比例调用资金。

第二十五条 项目已销售建筑面积达到拟销售建筑面积的90%的时点，为有限合伙企业退出启动点。集团投资部门有权决定推迟退出启动点，但推迟时间最长不超过一年。

第二十六条 退出启动点发生时，集团可选择独立评估机构按市场公允价值确定未售物业价值。未售物业的评估方法如下：

（一）已经开始销售的物业按照前一个季度同类型物业的销售平均价格参考评估；

（二）未开始销售的物业按评估机构评估得出的市场公允价格确定；

（三）所有在产品与经营方案评审会确定的未列入销售计划的车位、小于500平方米的租赁物业、所有的非租售的物业和未列入销售计划的商业会所不计入评估价值，但计入项目建设总成本。

第二十七条 核心员工投资人的有限合伙企业收益（亏损）的计算与项目IRR挂钩：

（一）当 $-12 \leqslant IRR \leqslant 12\%$ 时，按有限合伙企业的实际股权比例分配收益或承担亏损；

（二）当 $12\% < IRR \leqslant 18\%$ 时，按有限合伙企业的实际股权比例的1.2倍分配收益；

（三）当 $18\% < IRR \leqslant 25\%$ 时，按有限合伙企业的实际股权比例的1.5倍分配收益；

（四）当 $IRR > 25\%$ 时，按有限合伙企业的实际股权比例的1.8倍分配收益；

（五）当 -18% ≤ IRR<-12% 时，按有限合伙企业的实际股权比例的 1.2 倍承担亏损（以实际出资额为上限）；

（六）当 -25% ≤ IRR<-18% 时，按有限合伙企业的实际股权比例的 1.5 倍承担亏损（以实际出资额为上限）；

（七）当 IRR<-25% 时，按有限合伙企业的实际股权比例的 1.8 倍承担亏损（以实际出资额为上限）。

第二十八条　股权收购事项及收购价格由集团投资部门批准。

第八章　离职及调动

第二十九条　离职人员不能要求提前退出投资，且只能按实际股权比例分配收益或承担亏损。

第三十条　调动人员仅参与到岗后的新项目投资，已发生的投资按本办法第七章规定退出。

第九章　其他事项

第三十一条　为维护公司和员工的利益，双方将签署相关协议，约定各方的权利义务。

第三十二条　违反本办法规定，按照《震海集团公司违纪处理办法》的规定处罚。

第三十三条　各方如有意见分歧，首先应当友好协商解决，协商不成的，提交集团所在地的法院诉讼解决。

第十章　附则

第三十四条　本办法中以下词语除上下文另有所指外，具有以下含义：

（一）总可租售建筑面积，根据政府规划审批结果得出的可用于销售或出租的建筑面积，其中所有车位面积不计入总可租售建筑面积；

（二）拟销售建筑面积，在可租售建筑面积范围内计划用于销售的建筑面积，以最新通过公司产品与经营方案评审会的产品与经营方案为准；

（三）已销售建筑面积，指已签订销售合同的建筑面积，其中已经销售的车位面积不计入已销售建筑面积；

（四）持有物业建筑面积，总可租售建筑面积减去拟销售建筑面积；

（五）销售型项目，拟销售建筑面积占总可租售建筑面积的比例超过95%或持有物业建筑面积小于1万平方米的项目；

（六）不并表的项目，指未纳入公司合并报表范围内的项目；

（七）项目IRR，指项目全投资内部投资收益率。由集团投资与运营管理部和集团财务管理部按照无杠杆影响的项目现金流进行具体测算。

第三十五条　投资退出管理事项，由集团公司另行制定实施细则。

第三十六条　本办法自发布后生效，由集团公司投资部门负责解释。

附录 2　公司制度清理情况介绍

2017 年 9 月至 2018 年 7 月对震海集团公司现行制度进行一次全面系统的清理。为确保本次制度清理活动顺利进行，集团制度管理部门制定了《关于开展现行制度全面清理活动的工作方案》。制度清理工作分为四个阶段进行。

第一阶段，确认制度清理的范围。本阶段的主要任务是确定各部门负责清理的制度范围。集团制度管理部门将待清理制度清单发送至各部门。各部门将本部门起草或目前执行的制度与待清理制度清单进行比对，剔除不属于本次制度清理范围或已明令废止的制度，增补尚未纳入该清单的制度。经过初步筛选汇总，总部 26 个部门报送待清理制度 145 部，清理工作中发现部门漏报制度 30 部，初步纳入清理范围的制度合计 175 部。

第二阶段，征求对现有制度的意见建议，清理和评估制度。一是各部门自查清理，各部门要清理确定与本部门职责有关的制度整体框架，分析、评价各项制度的有效性和可操作性，形成相应的工作文档，提交制度管理部门。二是征求所属企业对现有制度的意见和建议。通过内网主页公布待清理制度清单汇总表，设立专门的电子信箱和热线电话，征求制度执行部门和基层员工的意见。三是制度管理部门汇总分析，形成清理报告。总部 25 个部门提交清理建议汇总表和自查清理报告 25 份，清理底稿 80 份。35 家所属企业上报意见 208 条，调研报告 15 篇、单项制度意见书 10 余篇。制度管理部门分析审核，形成工作底稿 80 份，清理审核意见书 34 份、审核意见 71 条。另发出清理工作通报 4 份、清理工作提示函 10 份。

第三阶段，形成初步清理成果，提交制度清理领导小组审议。在分析整理相关材料基础上，形成制度清理工作初步成果，包括《制度清理诊断分析报告》《制度清理结果清单》《清理发现的主要争议问题》《外部监管要求和内部制度对照表》，提交制度清理领导小组进行了审议。

第四阶段，进一步清理分析，落实制度清理领导小组审议意见。一是修改制度清理工作整改意见，与相关部门再次沟通、确认制度清理结果，形成新的《制度清理整改清单》，明确设、改、移、废的制度名称、完成时限、工作要求和责任主体。二是分析汇总各部门完善制度管理的建议，研究提出制度起草、发布、查询、维护等各个管理环节的一系列改进措施，征求各部门意见后，形成《制度管理改进措施建议》。三是结合新的公司治理结构和经营战略转型要求，研究提出制度建设的一些设想和原则，形成《制度建设规划纲要》。四是再次经制度清理领导小组审议后，发布《制度清理整改清单》，在总部现行 175 部制度中，建议继续适用 100 部，修改 30 部，废止 20 部，重新制定 25 部。要求各部门按《制度清理整改清单》具体落实制度整改工作。

写在最后

感谢各位读到最后！

在键盘上敲完最后一个字，我终于从炼狱般的写作任务里解脱了。站在金融街的高楼上，深夜的写字楼依然灯火辉煌，俯瞰帝都无尽繁华，这里聚集了 1900 家金融机构，集中了全国三分之一的财富，也许这里很快就会代替华尔街，成为全球财富的中心。在创作这本书的时候，写作的动力不仅是记录我的想法，还有我对金融行业的使命。

我刚离开金融监管部门时，就打算写一本关于制度设计的书。可是，我发现这类图书市场较为狭窄，只好放弃了。之后发生了新冠肺炎疫情，以前的安全感仿佛一下子就崩溃了。身边所有的人都更加珍惜和所爱之人在一起的时间，越来越多的人期盼能做自己向往的事情。在这种情况下，我突然有了使命感，觉得自己不能再拖延下去了。我横下一条心，“按自己的想法去做事业”，不追求短期效益，尽量追求知识的体系化和技巧的具体化。结果，写成了这本书！

本书许多想法是我在过去的职业经历中形成的，同事给了我不可估量的帮助、建议和批评。虽然我无法一一感谢每个人，但我想特别指出对这本书有特殊影响的一些人。先说我的老领导王科进主任，我要向他深深鞠上一躬，他帮我开阔了眼界，让我有勇气迎接挑战。感谢我的老同事许广文风雨无阻的陪伴，每当我对写作开始焦虑时，他就会建议我

“继续写下去”，再没有比他更慷慨的同事和朋友了。出版之路漫长，在这个过程中很容易迷失方向，因此，我非常感谢企业管理出版社。最后，感谢我的家人，是他们无私的爱带给我不竭的动力。

希望本书能为企业制度设计提供一整套方法论。我深知这一任务的艰巨性，虽然已经竭尽努力，观点仍难免不成熟。我将不断吸取专业人士的反馈意见，持续完善这套方法论。如果你有任何疑问或者建议，请发至 antapple@163.com，我将在最短的时间回复。如果这本书能给你带来启发和帮助，提升你的事业，我将不胜欣喜。最后，以一句话结束全书——不忘初心，愿得始终！

谢尚大

2022 年 4 月 30 日于北京